Love You जिंदगी

1 जिंदगी में आगे कैसे बढ़ें, 2 जिंदगी के इम्तिहान, 3 हर समस्या का समाधान, 4 कामयाब जिंदगी की शुरुआत कैसे करें

जे.पी.एस. जौली

डायमंड बुक्स

www.diamondbook.in

प्रकाशक : डायमंड पॉकेट बुक्स (प्रा.) लि.
X-30 ओखला इंडस्ट्रियल एरिया, फेज-II
नई दिल्ली-110020
फोन : 011-40712200
ई-मेल : sales@dpb.in
वेबसाइट : www.diamondbook.in
संस्करण : 2022

Love You JINDGI
By : J.P.S. Jolly

भूमिका

हम सभी अपनी जिंदगी से बेहद प्यार करते हैं, उसे खुल के जीना चाहते हैं। जीवन में कुछ ऐसा कर के दिखाना चाहते हैं जिससे कि दुनिया हमारी दीवानी हो जाये। हम सभी के पास आज पहले से बहुत अच्छी सुख-सुविधाएं और धन-दौलत भी अधिक हैं। लेकिन फिर भी न जाने बहुत सारे लोग क्यूं तनाव और डिप्रेशन के शिकार होते जा रहे हैं। सोशल मीडिया पर हजारों दोस्त होने के बावजूद भी इंसान बिलकुल अकेला जीने को मजबूर हो रहा है। आज ऐसा वक्त आ चुका है कि हमें खुद ही हर समस्या से जूझने और बचने के रास्ते तलाशने पड़ते हैं। किसी के पास इतना समय नहीं है कि वो हमारे दुःख-दर्द ले कर हमें खुशियां दे सकें। तनाव, डिप्रेशन में जीने वालों को देख कर एक ही कारण समझ आता है कि हर कोई यह चाहता है कि सारी दुनिया हमारी इच्छानुसार चलें। हमारे हर काम का परिणाम हमारी मर्जी मुताबिक आए। परंतु जब ऐसा नहीं होता तो हम उसी एक बात को पकड़ कर बैठ जाते हैं। हमेशा हमारे साथ ही ऐसा क्यूं होता है। हम ने किसी का क्या बिगाड़ा है, हमारी तो किस्मत ही खराब है। इस तरह की बेकार की बातों को कभी भी अपने दिलो-दिमाग पर हावी नहीं होने देना चाहिए। हमारी एक गलत सोच, एक गलतफहमी हमें जिंदगी की राह से भटका सकती है। इस तरह के हालात से बचने के लिये हमें अपने दिल की खिड़कियां-दरवाजे खोल कर रखने चाहिए। ज्यादा न सही एक-दो खास दोस्त तो ऐसे जरूर होने चाहिए जिन से हम अपने दिल की हर बात खुल कर कह सकें। सिर्फ इतना करने से ही हमारी खामोशियां, तन्हाईयां हम से दूर हो जायेगी। मन में उठने वाले मानसिक तनाव के बवडंर शांत हो जायेंगे।

एक बात हमें अच्छे से समझनी होगी कि जब तक जीवन है उथल-पुथल एवं संघर्ष तो चलता ही रहेगा। लेकिन इससे डरने की जरूरत नहीं होती। हम में से कोई नही जानता कि जिंदगी न जाने किस मोड़ पर हमारी तकदीर

और तस्वीर बदल दें। हमारी जिंदगी एक रंगमंच से बढ़ कर कुछ भी नहीं है, हमें कोशिश कर के अपना किरदार बेहतर संतुलित तरीके से निभाना आना चाहिए। हर इंसान को अपना नजरिया सदैव सकारात्मक रखना चाहिए क्योंकि कुदरत हमें हर दिन, हर पल कुछ नया सीखने का संदेश देती रहती हैं। प्रभु ने हर व्यक्ति को अनेकों गुण दे कर इस दुनिया में भेजा है। इसके लिये बस हमें इतना करना है कि हम अपने हुनर-टैलेंट को ठीक से पहचाने। मजबूत मानसिकता के साथ हर सच्चाई को स्वीकार करें। हम अपने परिवार के साथ रहे या अकेले, उम्मीद और विश्वास के दम पर हम आसानी से अपनी जिंदगी जीने का एक अलग अंदाज बना सकते हैं। आपने भी जरूर अभी तक जिंदगी से जुड़ी बहुत सारी किताबें पढ़ी होगी। लेकिन एक बात पूर्ण विश्वास के साथ कह सकते हैं कि जिंदगी को हंसी-खुशी से जीने और डिप्रेशन जैसे नामुराद रोग को सदा के लिये दूर करने के लिये यह अभी तक की सबसे बेहतरीन पुस्तक है। हमें पूर्ण विश्वास हैं कि इस पुस्तक के अनमोल विचार पढ़ने के बाद हम सभी डिप्रेशन को सदा के लिये अलविदा कह पायेंगे। इसके बाद फिर बात चाहें खुशहाल जिंदगी की हो या कोई बड़ा लक्ष्य हासिल करने की। कुदरत हमारे लिये सैकड़ों रास्ते खुद-ब-खुद ही बना देती है। हमारी आप सभी के लिये दुआ है कि हमेशा मस्त रहे, स्वस्थ रहे, व्यस्त रहे और खुश रहे। इस छोटे से नुस्खे को अपनाते ही आप भी जरूर कहेगे "लव यू जिंदगी"। इन्ही शुभकामनाओं के साथ।

जे.पी.एस. जौली - जौली अंकल
15-16/5, कम्यूनिटी सैंटर
नारायणा, फेज-I, नई दिल्ली-110028
Email: jollyuncle@gmail.com
Web: www.jollyuncle.com
Youtube: www.youtube.com/jollyuncle

लेखक के बारे में

श्री जे.पी.एस. जौली - जौली अंकल मोटिवेशनल लेखक, वक्ता होने के साथ मशहूर ग्राफोलॉजी-हस्तलेखन विज्ञान के भी विशेषज्ञ हैं। इसी के साथ इनका प्रेरणादायक यू-टयूब वीडियो चैनल भी है। इनके बारे में अगर यह कहा जाये कि यह बहुमूखी प्रतिभा के धनी हैं तो शायद गलत न होगा। इनका जीवन बिलकुल खुली किताब की तरह है। यह जिस तरह का जीवन जीते हैं बिलकुल वैसा ही दूसरों के सामने रखते हैं। इन्होने लेखन क्षेत्र के हर रंग को बहुत करीब से देखा है। इनकी किताबों में इतनी विविधता हैं कि इनके विचार आपके भविष्य को बेहतर बनाने के साथ जिंदगी को खुशहाल भी बना सकते हैं। 36 पुस्तकों के साथ इनकी लगभग 1000 रचनाएं विभित्र समाचार पत्रों, पत्रिकाओं में प्रकाशित हो चुकी हैं। जौली अंकल की शुरू में लिखी हुई चंद पुस्तकों को पाठकों ने जब पंसद किया तो उसके बाद उन्होने कभी पीछे मुड़ कर नही देखा। जौली अंकल एक ऐसे अनूठे लेखक हैं कि उनकी हर पुस्तक पढ़ने वालों पर प्रभावशाली असर डालती है। इन्होंने लेखन की जो शैली अपनाई है उसने युवाओं के दृष्टिकोण को एक नई दिशा प्रदान की है। इनकी किसी भी पुस्तक के बारे में बात की जाये तो हर किताब एक से बढ़ कर एक है, उन्हें पढ़ते हुए मन नहीं भरता। इनके द्वारा हिंदी भाषा में लिखी हुई लोकप्रिय पुस्तकें अब देश-विदेश में इंगलिश, पंजाबी, बंगाली, मराठी एवं गुज़राती भाषा में भी पंसद की जा रही है। पुस्तक प्रेमी उनकी लिखी हुई रचनाओं को सराहने के साथ उनके हर संदेश को खुशी से अपने जीवन में अपना रहें हैं। पाठकगण जानते हैं कि जौली अंकल की पुस्तकें, वीडियो न सिर्फ उन्हें हमेशा दुनिया से आगे चलने के लिये प्रेरित करती है बल्कि उनके जीवन को भी रोशन करने में बहुत मददगार साबित होती है।

इनका हर सकारात्मक विचार सुख, समृद्धि और सफलता पाने के लिये एक हथियार की तरह काम करता हैं। इसीलिये शायद हर पाठक इन से जुड़ना चाहता हैं। इनका मानना हैं कि जिंदगी में असफलता नाम की कोई चीज़ नही होती। यह हमें कई बार धोखे देती है, कई बार बुरी तरह से रूलाती हैं। लेकिन हमें इन बातों से डर कर घबराने की जरूरत नहीं होती। जिस तरह डॉक्टर, वकील अपने पेशे में 'प्रैक्टिस' करते हैं बिलकुल ठीक उसी तरह हमें भी जीवन को खुशहाल बनाऐ रखने के लिये लगातार अभ्यास यानी 'प्रैक्टिस' करते रहना चाहिए। यह एक छोटा सा सुझाव किसी की भी जिंदगी में उजाला भर सकता हैं। जौली अंकल अपने पाठकों को शुभकामनाएं देते हुए अक्सर कहते हैं कि जिसकी मस्ती जिंदा है, उसी की हस्ती जिंदा है वरना तो यह समझ लो कि हम जबरदस्ती जिंदा हैं। जौली अंकल को अनेक प्रतिष्ठित सम्मानों एवं पुरस्कारों से सम्मानित किया जा चुका है।

प्रकाशक

विषय सूची

भूमिका *03*

लेखक के बारे में *05*

1. कामयाब जिंदगी की शुरुआत कैसे करें 9
2. जिंदादिल जिंदगी 16
3. हर सपना साकार करो.. 23
4. नजरिया (Attitude) हो तो ऐसा.. 30
5. डिप्रेशन से जंग 37
6. मजबूत मानसिकता – Strong Mindset.. 44
7. सच्चाई को स्वीकार करो 51
8. जिंदादिल इंसान बनो 57
9. हुनर (टैलेंट) से सब कुछ संभव है 64
10. जब तक जीवन हैं संघर्ष हैं.. 71
11. दुनिया से रहो सदा आगे 80
12. अकेले रहो खुश रहो 87
13. खौफ से नहीं रौब से जीओ 94
14. अमीर कैसे बनें 101
15. जिंदगी जीने का अनूठा अंदाज 109
16. दुनिया को अपना दीवाना बनाओ 117
17. आशा और विश्वास का जादू.. 124
18. कैसे-कैसे रिश्ते 131
19. खुशियों को कहें हाय डिप्रेशन को बाय 139
20. कभी अलविदा न कहना.. 146
21. मजेदार असरदार विचार 152

..1..

कामयाब जिंदगी की शुरुआत कैसे करें

इस दुनिया में जो भी इंसान जन्म लेता वो किसी न किसी तरह से अपनी जिंदगी गुजार ही लेता है। परंतु बहुत कम लोग ऐसे होते हैं जो जीवन को प्यार करना और खुशी से जीना जानते हैं। एक आम इंसान और खुश रहने वाले व्यक्ति में सबसे बड़ा फर्क यही होता हैं कि वो जिंदगी के हर पहलू की अहमियत को समझता है। उसे मालूम हैं कि खुश रहने के लिए हमें किन खास बातों का ध्यान रखना चाहिए। क्या सिर्फ पैसा, नाम, शोहरत पा लेने से कोई खुशी पा सकता है। अगर किसी को यह सब कुछ मिल भी जाए और उसके पास अच्छी सेहत न हो तो उसके लिए एक दिन भी गुजारना कष्टदायक हो जाएगा। इस बात से यह साफ हो जाता हैं कि बाकी सभी चीजों से अधिक महत्त्वपूर्ण हमारी अपनी जिंदगी होती है। क्योंकि जब तक हम खुद से प्यार नहीं करेंगे, हम कभी खुश नहीं रह सकते। इसके बाद जिंदगी में खुशियों के रंग भरने की लिए जरूरी होता है एक अच्छा परिवार, जहाँ सभी छोटे-बड़े सदस्यों के बीच अच्छा तालमेल हो। हर कोई एक दूसरे के लिए कुछ भी करने को पल भर में तैयार हो जाए। दु:ख-तकलीफ एक को हो और उसका दर्द घर के दूसरे सदस्यों को भी महसूस हो। इसके बाद बारी आती हैं काम-काज या कारोबार की। घर को अच्छे से चलाने और सभी जरूरतें पूरी करने के लिए पैसा बहुत ही अहम होता है। लेकिन यहां हमें एक बात कभी नहीं भूलनी चाहिए कि पैसा सब कुछ नहीं होता। इसलिए कभी भी घर-परिवार को अनदेखा कर के सिर्फ पैसे के पीछे नहीं भागना चाहिए। खुशियों की बात को आगे बढ़ाये तो अब बारी आती है विश्वास की। हमारे अपने विश्वास से ही हमारे अंदर आत्मविश्वास पैदा होता

है और आत्मविश्वास से हर तरह के माहौल से मुकाबला किया जा सकता हैं। जो व्यक्ति हर प्रकार के उतार-चढ़ाव को झेल सकता हैं वो हमेशा खुश रह सकता है। अपनी खुशियों को और अधिक बढ़ाने के लिए हमें जरूरत होती है कुछ खास दोस्तों की। दोस्त ऐसे होने चाहिए कि जिनके लिए हम दिल से खुशी-खुशी कुछ भी करने को तैयार हो। उनकी हर परेशानी को दूर कर के हमें भी खुशी और सुकून मिले। विद्वान लोग अक्सर कहते हैं कि दु:ख कितना भी बड़ा क्यूं न हो उसे अपनों के साथ बांटने से वो आधा रह जाता है। दूसरी ओर जब हम अपनी खुशियों को दूसरों के साथ बांटते हैं वो दोगुनी हो जाती हैं। आइये अब कुछ ऐसे विचारों को जानने की कोशिश करें जिन्हें समझ कर हर कोई कह सके लव यू जिंदगी।

- महान लोग उस समय भी खुश रहते हैं जब खुशी की कोई बात नहीं होती।
- जिंदगी का मजा लेना है तो खुशी से दोस्ती करो, बेकार के लोगों से नहीं।
- हर दिन खुद को खुश करने के लिए थोड़ा समय तो जरूर निकलना चाहिए।
- सबसे साधारण जीवन की सोच रखने वाले लोग ही सदैव खुश रह सकते हैं।
- खुश रहने वाले लोग बहुत कम बोलने और अधिक सुनने में विश्वास रखते हैं।
- हर समय अपने दु:ख और दूसरों के सुख गिनने वाले कभी खुश नहीं रह पाते।
- जिस किसी को भी चाहों तो दिल से चाहों वरना दूर से ही कह दो बाय-बाय।
- हर दिन खुश रहने वाले वर्तमान में जीने की कला के हुनर को अच्छे से जानते हैं।
- सारी उम्र खुशियों का आनंद लेने के लिए उसे खुशियों से 'रीचार्ज' करते रहना चाहिए।

- हमारी जिंदगी सबसे अधिक उस समय खुशनुमा होती है जब हम दिल से खुश होते हैं।
- खुश रहने के लिए उन चीजों को अपनों से दूर कर दो जो मन में बेचैनी पैदा करती है।
- सुकून से जिंदगी गुजारना चाहते हो तो जमानें वालों को भूल अपनी दुनिया में मस्त रहो।
- समय और खुशियां बिलकुल मुफ्त में मिलती हैं हम जितनी लेना चाहे उतनी ले सकते हैं।
- सबसे अधिक खुशी उन लोगों से मिल कर होती हैं जिन्हें सिर्फ हमारा साथ प्यारा होता है।
- राजा–महाराजा से भी बड़ा वो इंसान होता है जो दूसरों के चेहरे पर मुस्कान ला सकता है।
- बचपन, बचपन के दिन और बचपन के खेलों को याद रखने वाले हमेशा खुश रह सकते हैं।
- हम अपनी कल्पना शक्ति के माध्यम से अपने भविष्य को मनचाहे रंग–रूप में ढ़ाल सकते हैं।
- अगर हम दूसरों से गिले–शिकवे करना छोड़ दे तो जिंदगी काफी हसीन बनाई जा सकती है।
- जिंदगी की सबसे बड़ी उपलब्धियों में एक, अपने लिए छोटी–छोटी खुशियां खोजना होता है।
- हर पल अगर खुशियों के करीब रहना है तो अपने दिल और दिमाग को खोल कर रखना होगा।
- जिंदगी के आनंद को बढ़ाने के लिए हमें सिर्फ वही काम करने चाहिए जो हमें दिल से पसंद हो।
- खुशहाल जीवन जीने के लिए बेशक कोई भी कीमत अदा करनी पड़े वो फिर भी सस्ती ही होगी।
- सिर्फ सोच सकारात्मक हो तो जिंदगी में खुशी भी मिलती है और जीने का मज़ा भी बहुत आता है।

- जीवन में हर प्रकार के हालात में संतुलन बनाऐ रखने वाले ही जिंदगी को सही ढंग से जी पाते हैं।
- जिंदगी में खुशी का होना बहुत जरूरी होता हैं क्योंकि खुशी से ही जिंदगी जीने का मज़ा आता है।
- हर समय पैसों की चिंता करना या पैसों के लिए काम करने वाले अक्सर खुशियों से दूर हो जाते हैं।
- हमारी कल्पना जितनी अधिक सुदंर और खूबसूरत होगी हमारा भविष्य उतना ही शानदार बन पाएगा।
- हर समय अगर खुशियों को अपने पास रखना चाहते हो तो नकारात्मक विचारों को बहुत दूर कर दो।
- हमें हर दिन इतना खुश रहने की कोशिश करनी चाहिए कि दूसरे लोग भी हमें देख कर खुश हो जाए।
- जिंदगी को प्यार करने का सबसे बड़ा मकसद हमारे पास यह है कि हमारे पास जीने के लिए जिंदगी हैं।
- खुश रहने वाले लोग भी इत्र की तरह होते हैं बस थोड़ी देर उनके साथ गुजार लो जीवन महकने लगता है।
- खुश रहने वाले सिर्फ अपने बारे में सोचते हैं और दु:खी रहने वाले दूसरों की तरक्की से परेशान होते रहते हैं।
- हमारी जिंदगी हमें खुशियों के अनेक मौके देती रहती है बस जरूरत होती है थोड़ा संतुलन बना कर चलने की।
- खुशियों का भरपूर आनंद पाने के लिए हर नए दिन की शुरुआत बहुत ही सकारात्मक विचारों से करनी चाहिए।
- हंसी-मज़ाक में इतनी ताकत होती है कि वो हर तरह के दर्द और गम को पल भर में हम से दूर कर सकती है।
- जिंदगी के साथ कभी भी बेकार का मजाक नहीं करना चाहिए वरना वो हमारा मजाक बनाने में देर नहीं लगाती।
- दूसरों को खुश रखना अच्छी बात है लेकिन हर समय दूसरों के बारे में सोचने वाले खुद कभी खुश नहीं हो पाते।

- कोई कितना भी बड़ा ज्योतिषी या वास्तुशास्त्री क्यूं न हो हम अपने जीवन में खुशियां केवल खुद ही ला सकते हैं।
- हंसी, खुशी, मुस्कराहट जो कुछ भी मिलता हैं उसे लेते जाओं इन्हीं चीजों के साथ ही तो जिंदगी हसीन बनती है।
- हम दुनिया की हर चीज की कीमत के बारे में तो जानते हैं लेकिन अनमोल खुशियों के मोल को कभी नहीं समझते।
- अपने मन में ईर्ष्या और जलन रखने वाले शायद यह नहीं जानते कि यह सब कुछ उनकी खुशियों को ही जलाते हैं।
- जिंदगी का भरपूर आनंद लेने के लिए जब भी मौका मिले थोड़ी-बहुत मौज-मस्ती, हंसी-मज़ाक करते रहना चाहिए।
- जिंदगी का हर दिन ऐसे जीना चाहिए जिससे हमारे साथ करीबी लोगों के जीवन में भी सकारात्मक बदलाव आ सकें।
- अपने दिल की आवाज को हमेशा ध्यान से सुनों कि वो हमें क्या कहना चाहती है और हम से क्या करवाना चाहती है।
- आज का इंसान इस दुनिया के बारे में सब कुछ जानता है सिवाए इस के की जिंदगी का आनंद कैसे लिया जाता है।
- हर समय छोटी-छोटी बातों को ले कर परेशान होने की बजाए जब भी मौका मिले थोड़ी-बहुत, मौज-मस्ती करते रहना चाहिए।
- जब हम किसी योजना के बारे में सोच रहे होते हैं उस समय हमारी जिंदगी उससे बहुत आगे की राह तैयार कर रही होती है।
- जिंदगी लंबी हो या छोटी उससे इतना फर्क नहीं पड़ता, असल देखने वाली बात तो यह होती हैं हम जिंदगी से कितने खुश हैं।
- इस दुनिया में सिर्फ खुशी ही एकमात्र ऐसी चीज है जिसे जितना अधिक हम शेयर करेंगे यह उतनी ही अधिक बढ़ती जाती है।
- हम इस दुनिया में सिर्फ काम कर के पैसा कमाने के लिए नहीं आए हैं हमें यहां रहते हुए हर खुशी का आनंद भी उठाना है।
- कुछ लोगों की हंसी इतनी अजीब होती है कि उनकी बातों पर हंसी आए या न आए उनकी हंसी पर हंसी जरूर निकल जाती है।

- सिर्फ देखने सुनने से जिंदगी को नहीं समझा जा सकता, उसे सही मायनों में जानने के लिए कांटों की राह पर चलना पड़ता है।
- हंसना-हंसाना कोई आसान काम नहीं होता, लेकिन प्रभू ने जब हमें यह गुण दिया हैं तो क्यूं न उसका भरपूर लाभ लिया जाए।
- जीवन में पैसा कम हो या ज्यादा उससे खास फर्क नहीं, यह देखो कि हम हर दिन इसका पहले से अधिक आनंद कैसे ले सकते हैं।
- कई लोगों का मानना है कि हमारी जिंदगी हमारे सपनों के आधार पर ही बनती है, इसलिए वो अधिक समय तक सोना पसंद करते हैं।
- जिंदगी की खुशियों का मज़ा लेने के लिए एक ओर जहां खुले विचार जरूरी होते हैं वही संस्कारों से जुड़ा रहना भी महत्त्वपूर्ण होता है।
- कहते हैं कि खुशियां बांटने से बढ़ती है लेकिन हम दूसरों को तभी खुश कर सकते हैं जब पहले हम खुद पूर्ण रूप से संतुष्ट और खुश हो।
- सारी जिंदगी आनंद में गुजारना चाहते हो तो खुशियों को अपने जीवन का लक्ष्य बना लो क्योंकि पैसा और चीजें हमें खुशी नहीं दे सकती।
- खुशहाली की मंजिल को पाने के लिए अक्सर मुश्किल रास्ते ही मिलते हैं परंतु कोशिश की जाए तो कई आसान रास्ते भी ढूंढे जा सकते हैं।
- जिंदगी को सच्चे दिल से प्यार करना चाहते हो तो सबसे पहले अपने परिवार को प्यार करो क्योंकि हमारा परिवार ही तो हमारी जिंदगी है।
- जीवन को खुशी-खुशी जीना इतना भी आसान नहीं होता क्योंकि हर समय मौज-मस्ती में रहने से करीबी लोगों को बहुत तकलीफ होती है।
- जिंदगी को गौर से देखा जाए तो यह बिलकुल आईसक्रीम की तरह है, इसलिए इससे पहले यह पिघल जाए हमें इसका भरपूर स्वाद ले लेना चाहिए।
- जितना समय हम अपने मोबाइल फोन को अपने हाथ में रखते हैं कम से कम उतना समय तो खुशियों को भी अपने पास रहने का मौका देना चाहिए।
- जिंदगी की खुशियों का मज़ा तभी लिया जा सकता है जब हम अपना सारा ध्यान परेशानियों से हटा कर खुशियों पर केंद्रित करना शुरू कर दें।

- परेशानियां तो हर किसी के जीवन में आती रहती है लेकिन जिस घर में हंसने-खिलखिलाने की आवाजें सुनाई देती है वहां से वो दूर हो जाती है।
- हम हर खूबसूरत चीज़ को देख कर खुश होते हैं जबकि असलियत यह है कि खुश हुए बिना हमें कोई भी चीज खूबसूरत दिखाई ही नहीं देती।
- अगर हम अपने परिवार से सच में प्यार करते हैं तो हमें कभी भी उन्हें प्यार के बारे में कुछ कहने की जरूरत नहीं होती, बस सिर्फ प्यार को निभाते रहना चाहिए।
- खुशहाल जिंदगी जीने के लिए हर कदम बहुत संभल कर चलने की जरूरत होती है क्योंकि हम अक्सर यह जान ही नहीं पाते कि कौन हमारा अपना है और कौन पराया।

❖

..2..

जिंदादिल जिंदगी

जिंदगी को खुल कर जीने के लिए हमें इससे जुड़े हर पहलू पर विस्तार से विचार करना होगा। हमें यह समझना होगा कि कौन सी बातें हमारे जीवन में खुशियां ला सकते हैं। साथ ही यह भी देखना होगा कि किन बातों के कारण हमारे जीवन में निराशा आती है जो हमारी खुशियों के बीच दीवार खड़ी करती है। कोई भी व्यक्ति खुशी-खुशी तभी जी सकता है जब हम अपने अतीत और भविष्य की चिंता को छोड़ कर वर्तमान में जीना सीखें। दूसरी महत्त्वपूर्ण बात यह हैं कि हम सिर्फ जरूरी बातों को ही सुनें और समझें। जिन मुद्दों का हमारे जीवन से कोई लेना-देना नहीं है उनसे खुद को हमेशा दूर ही रखना चाहिए। एक बात तो हम सभी जानते हैं कि सुख-दुःख हमारे जीवन में दिन और रात की तरह होते हैं। जिंदगी का आनंद लेने के लिए सिर्फ जरूरत होती हैं इनके बीच में संतुलन बना कर चलने की। हमारा यह मानना है कि जो कुछ हम ने आज तक कहीं से, किसी से भी कोई नेक बात सीखी है उसे अपने बच्चों और परिवार के साथ जरूर शेयर करें। ऐसा इसलिए करना जरूरी होता है क्योंकि जिंदगी के बहुत सारे सबक हमें पढ़ाई के दौरान नहीं समझाए जाते बल्कि ठोकरें खा कर खुद ही सीखने पड़ते हैं।

हर इंसान को अपनी जिंदगी इस तरह से जीनी चाहिए कि हमारी जिंदगी भी कहने पर मजबूर हो जाए कि वाह! क्या जिंदगी मिली है। शिक्षा से हम घर, कार आदि तो खरीद सकते हैं लेकिन संस्कार नहीं। अच्छे संस्कारों के बिना जीवन को सुखी और खुशहाल बनाना बहुत कठिन हो जाता है। इसलिए हमारा यह फर्ज बनता है कि हमारे पास जितने भी सकारात्मक विचार हैं वो हम समय-समय पर आने वाली पीढ़ी को देते रहे। इससे एक

बड़ा फायदा यह होगा कि जिन मुश्किलों का हम ने सामना किया है उन परेशानियों से वो लोग बच जाएंगे। वैसे भी विद्वान लोग कहते हैं कि जिंदगी बहुत छोटी है, हमारे पास इतना समय नहीं हैं कि हम खुद हर गलती कर के उससे सीखें। इन से बचने का एक मात्र उपाय यही हैं कि हम हर दिन कुछ समय परिवार के साथ मिल-बैठ कर गुजारें। घर के बड़े-बुर्जुगों के अनुभव से युवा जीवन जीने की कला बहुत आसानी से सीख सकते हैं। इनके द्वारा दिये गये छोटे-छोटे टिप्स से एक बात तो समझ आती है कि जिंदगी जीना इतना कठिन भी नहीं हैं जितना कि हम समझते हैं। बिलकुल सरल भाषा में इनके विचार हमारी जिंदगी में बहुत बड़ा बदलाव ला कर उसे खुशनुमा बना सकते हैं।

भगवान ने हमें बहुत ही अनमोल जीवन दिया है। इसे और बेहतर बनाने के लिए उसने हमें बुद्धि, ज्ञान के साथ यह समझ भी दी है कि हम इनका कैसे बेहतर तरीके से उपयोग कर सकते हैं। इससे पहले कि हमारी जिंदगी का सूरज ढ़लना शुरू हो जाए हम उन बातों को सीख लें जिससे जिंदगी को खुल कर जीया जा सकें।

- मानसिक तौर से मजबूत इंसान हर क्षेत्र में सफलता पा लेता है।
- जो लोग जिंदगी से सच्चा प्यार करते हैं वो कभी बूढ़े नहीं होते।
- खुशी-खुशी जिंदगी जीने की शुरुआत किसी भी उम्र में की जा सकती है।
- शारीरिक और मानसिक रूप से स्वस्थ होने पर ही हम सदैव खुश रह सकते हैं।
- हमेशा खुश रहने वाले जिंदगी में कभी किसी दूसरे इंसान से उम्मीद नहीं रखते।
- अपनी उम्र और दुनिया को भूल कर अपने दिल के सभी शौक दिल से पूरे करो
- जहां तक मुमकिन हो सकें अपने मानसिक विकास को लगातार बढ़ाते रहना चाहिए।

- जो व्यक्ति अपने ही बनाऐ गये उसूलों पर सदैव चलते हैं वो सदैव सुखी रह पाते हैं।
- प्यार की मीठी भाषा बोल कर दुश्मन को भी आसानी से दोस्त बनाया जा सकता है।
- जब तक हम लोगों की हर बात को दिल से लगाते रहेंगे हम चैन से नहीं जी सकते।
- कोई भी व्यक्ति जीवन में गलतियां और बेवकूफियां किये बिना बुद्धिमान नहीं बन पाया।
- जिंदगी का आनंद लेना है तो जिंदगी के साथ समय की कीमत को भी समझना होगा।
- सबसे विशेष जिंदगी वही होती है जो अभी शेष है उसे हर पल खुल कर जीना चाहिए।
- कई लोग जिंदगी जीना भूल कर आधी 'आस' में और आधी 'काश' में ही गुजार देते हैं।
- जिंदगी सच में बहुत खूबसूरत हैं उसके हर पल को गौर से देखों और उसका आनंद लो।
- हर दिन जिंदगी को नए ढंग से जीने के लिए उसके साथ नए-नए प्रयोग करने पड़ते हैं।
- हमारी जिंदगी उन झूलों की तरह हैं जो मन में हलचल और घबराहट एक साथ पैदा करते हैं।
- एक न एक दिन मरना तो सभी को है लेकिन जब तक जिंदगी है सच्चे मन से उसे प्यार करो
- जीवन की असली खुशी सिर्फ उसी समय तक होती हैं जब तक हम उसका आनंद ले सकते हैं।
- हमारी जिंदगी बहुत छोटी है इसलिए इसका आनंद अधिक से अधिक लेने के प्रयास करते रहो।
- जो लोग हर हाल में खुश रहने का स्वभाव बना लेते हैं उन्हें फिर कोई परेशान नहीं कर सकता।

- आज का दिन बहुत ही खास है इसलिए जो कुछ सबसे अच्छा कर सकते हो उसे आज ही करो
- हर किसी को एक ही बार बचपन और जवानी मिलते हैं, इसलिए इसका भरपूर मज़ा लेना चाहिए।
- जिंदगी के स्कूल में हर इंसान को खुद ही छात्र और खुद ही टीचर का किरदार निभाना पड़ता है।
- छोटी-छोटी बातों की चिंता करनी छोड़ दो, बेपरवाह जिंदगी जीने वाले सदा ही सुकून में रहते हैं।
- जिंदगी का आनंद लेना है तो जिंदगी के छल-कपट से हमेशा ही बचने की कोशिश करनी चाहिए।
- खुश रहने की आदत होनी चाहिए क्योंकि दुःखी करने वाले तो जिंदगी के हर मोड़ पर मिल जाएंगे।
- अपनों से उम्मीदे रखनी कम कर दो जिंदगी की बहुत सारी तकलीफें अपने आप ही खत्म हो जाएगी।
- सोशल मीडिया के बिना भी जिंदगी बहुत खूबसूरत होती हैं बस उसका 'लिंक' ढूंढना थोड़ा कठिन है।
- खुशहाल जिंदगी जीने के टिप्स जहां से भी मिले उन्हें तुरंत दिल और दिमाग में कैद कर लेना चाहिए।
- जो इंसान जितना अधिक अतीत में खोया रहता है उसके भविष्य की खुशियां उतनी ही कम हो जाती है।
- जिंदगी हर दिन एक नया सबक सिखाती है और हर सबक जिंदगी में सकारात्मक बदलाव ला सकता है।
- हमारा समय बेशक कैसा भी चल रहा हो परंतु हमारी जिंदगी का सबसे बेहतर समय अभी आना बाकी है।
- जिंदगी हर इंसान को ढ़ेरों विकल्प देती है उन्हीं में कुछ को चुन कर हम जिंदगी को सफल बना सकते हैं।
- खुशियों को खोजने के लिए कहीं भटकने की जरूरत नहीं होती, वो खुद ही चल कर आपके पास आती है।

- दुनिया के सबसे खूबसूरत नज़ारों का आनंद उठाने के लिए आसमान की बुलंदियों तक तो जाना ही पड़ेगा।
- कुछ लोग सारी उम्र जी कर भी यह नहीं जान पाते कि जिंदगी क्या थी और इसे जीने का मकसद क्या था।
- दूसरों को कुछ भी समझाने से पहले यह अधिक महत्त्वपूर्ण होता है कि हम जिंदगी को कितना समझ पाए हैं।
- कुदरत ने तो हर इंसान की झोली में सिर्फ खुशियां ही भरी थी दुःख और कष्ट तो हम खुद ही पैदा करते हैं।
- जिंदगी का भरपूर आनंद लेना है तो बचपन की तरह हर बुरी बात को जल्दी से भुला देने की आदत डाल लो।
- जब तक हमारी खुशी किसी को कोई कष्ट नहीं देती उस समय तक खुल कर उसका आनंद लेते रहना चाहिए।
- ऐसे लोगों से बच कर रहना चाहिए जिनकी भूख इतनी ज्यादा होती है कि वो दूसरों कि खुशियां भी खा जाते हैं।
- हर सुनहरे पल को अपनी यादों में कैद करते जाओ क्योंकि कोई नहीं जानता कि कल यह हसीन पल हो या न हो।
- हर दिन खुशी को महसूस करने के लिए कुछ नया करने की कोशिश करो, पता नहीं किस दिन कोई खास करिश्मा हो जाए।
- कुछ दोस्तों की तरह जिंदगी पर भी अधिक भरोसा नहीं किया जा सकता क्योंकि यह भी ज्यादा भरोसे के काबिल नहीं होती।
- पैसे से अमीर होना कोई बड़ी बात नहीं है, दिल से अमीर बनो। बड़े दिल की अमीरी भगवान कुछ खास लोगों को ही देते हैं।
- बीते हुए कल से सदा ही बचना चाहिए क्योंकि वो हर समय आने वाले कल को उलझन में डालने की कोशिश करता रहता है।
- जिन दिनों को हम खुल कर जीते हैं वो हमारी जिंदगी का हिस्सा हैं बाकी सब तो कैलेंडर की तारीखें बन कर रह जाती है।
- जिंदगी को हमेशा खुशहाल बनाए रखने की कोशिश करते रहो वरना यह कोमल फूलों की तरह बहुत जल्द मुरझा जाती है।

- कोई माल से खुश होता है, कोई रोटी–दाल से खुश होता है सबसे बड़ा नसीब वाला तो वो है जो हर हाल में खुश होता है।
- जिंदगी फूलों की तरह बहुत छोटी होती है इसलिए जब भी बिखरों अपने आसपास की दुनिया को शानदार खुशबू से महका दो।
- जब तक हमारे मन में किसी के प्रति भी थोड़ा बहुत गुस्सा, ईर्ष्या, जलन की भावना है खुशियां हमारे जीवन में टिक ही नहीं पाएगी।
- अपनी खुशियों के लिए हम कोई भी काम करें उनका मज़ा तभी आता है जब उसके करने से कभी किसी को कोई तकलीफ न हो।
- कई बार जिंदगी में खुल कर रोना भी जरूरी होता है क्योंकि जो इंसान खुल कर रो नहीं सकता वो खुल कर जीवन भी नहीं जी सकता।
- जिंदगी को खुल कर जीना चाहिए क्योंकि विद्वान लोग अक्सर कहते हैं कि बहुत संभाल कर रखी हुई चीजें जरूरत के समय नहीं मिलती।
- किसी भी कार्य में आज तक पूर्ण रूप से कोई भी इंसान निपुण नहीं हो पाया इसलिए बिना तनाव लिए मौज–मस्ती से गुजारों अपनी जिंदगी।
- हर इंसान महान लोगों की तरह कार्य नहीं कर सकता लेकिन प्रेम–प्यार से हम कुछ भी करें वो एक न एक दिन महान कार्य बन ही जाता है।
- जिंदगी से जुड़ी सभी बातों को याद रखने की जरूरत नहीं होती क्योंकि अतीत की बहुत सारी यादें हमारी खुशियों को बेचैनी में बदल सकती है।
- हर दिन जिंदगी खुल कर जीने की कोशिश करनी चाहिए क्योंकि शाम को सिर्फ सूरज ही नहीं ढ़लता हमारी जिंदगी का एक दिन भी कम हो जाता है।
- सोशल मीडिया पर हम सारा दिन कुछ न कुछ जरूर पढ़ते रहते हैं लेकिन देखने वाली बात यह है कि क्या किसी एक अच्छी बात पर अमल भी करते हैं।
- कुछ समय पहले हमारा जीवन बहुत ही सरल और खुशहाल होता था। अब जैसे–जैसे सुख–सुविधाएं बढ़ती जा रही है निराशा भी तेजी से बढ़ने लगी है।

- जिंदगी को खुशहाल बनाने के लिए हमारे दोस्त और परिवार वाले मदद तो जरूर कर सकते हैं लेकिन उसे आसान बनाने का काम सिर्फ हमें ही करना पड़ता है।
- सारी दुनिया और हालात तेजी से बदल रहे हैं, लेकिन अगर हम ऐसे में भी खुद को संतुलित रख पाने में कामयाब हो जाते हैं तो इसके हर पल को एन्जॉय कर सकते हैं।
- जीनियस सिर्फ वही लोग नहीं होते जो हर दिन सफलता की राह पर आगे बढना जानते हैं बल्कि वो लोग भी जीनियस होते हैं जो वक्त के हिसाब से रूकना भी जानते हों।
- आमतौर पर कहा जाता है कि दु:ख बांटने से कम हो जाता है और खुशी बांटने से बढ़ जाती परंतु समय बांटने से न तो कुछ कम होता है और न ही बढ़ता है। परंतु दोनों को दिल जरूर खुश हो जाता है।

❖

..3..

हर सपना साकार करो

कोई भी इंसान अमीर हो या गरीब, छोटा हो या बड़ा हर किसी की आखों में कुछ सपने जरूर होते हैं। ख्वाब देखने का हक हम सभी को है। हम अपने जीवन में जो कुछ भी पाना चाहते हैं उसका जन्म सबसे पहले हमारे दिमाग में एक सपने के रूप में होता है। उसके बाद जब हम उसी इच्छा को पूरा करने के लिए प्रयास शुरू करते हैं तो हमारा सपना धीरे-धीरे हकीकत बनने लगता है। यहां प्रश्न यह उठता है कि क्या हमारा हर सपना पूरा हो सकता है। उस सपने को पूरा करने के लिए हमें क्या कुछ करना होगा। इस बारे में यही कहा जा सकता है हमें सिर्फ वही सपने देखने चाहिए जिनको पूरा करने की क्षमता और साधन हमारे पास हो। यहां एक और महत्त्वपूर्ण बात पर गौर करना होगा कि हमारी इच्छाओं और सपनों में बहुत बड़ा फर्क होता है। हमारे मन में अनेकों इच्छाएं हर दिन पैदा होती रहती है। एक इच्छा के पूरा होते ही दस और इच्छाएं जन्म लेने लगती है। लेकिन हम इन सभी को अपना सपना तो नहीं बना सकते। वैसे भी कहा जाता है कि अपनी जरूरतें तो फकीर भी पूरी कर लेता है, लेकिन इच्छाओं को तो राजा-महाराजा भी पूरा नहीं कर पाते। जरूरत से बड़े सपने देखने पर कोई रोक तो नहीं है लेकिन उनको मुमकिन करना भी आसान नहीं होता। इसलिए हमेशा यही कोशिश करनी चाहिए कि हमारा लक्ष्य हमारी पसंद का हो। हमें कभी भी किसी की नकल या दबाव में आ कर किसी तरह का कोई काम नहीं करना चाहिए। इन सभी बातों के अलावा बेकार के गिले-शिकवे, शिकायतें, अंहकार और भविष्यवाणी से भी बचना चाहिए। यह सभी चीजें मिल कर हमारे अंदर निराशा के भाव पैदा करने लगती है।

नतीजतन हमारी रोजमर्रा के जीवन में कई परेशानियां खड़ी होने लगती है। आशावादी सोच और अपने सहयोगियों के साथ सही तालमेल से अपनी इच्छाओं को काफी हद तक जल्द पूरा किया जा सकता है। जो लोग एक छोटा सा वाक्य 'करो या मरो' को याद रखना जानते हैं उनका हर सपना एक न एक दिन जरूर पूरा हो जाता है।

- अपने पैरों पर चलने वाले कभी भी गैरों पर भरोसा नहीं करते।
- सपनों को पूरा करने के लिए सोने से अधिक जागना जरूरी होता हैं।
- 'नामुमकिन' कार्यों को करने में ही जिंदगी का सबसे बड़ा आनंद होता है।
- काम कोई भी हो उसे इतने दिल से चाहों कि उसी से सच्चा प्यार हो जाए।
- बुद्धिमान लोग सारी दुनिया से ध्यान हटा कर सिर्फ लक्ष्य पर केन्द्रित रखते हैं।
- हमारा भविष्य हमारी आदतों और स्वभाव पर निर्भर करता है कि वो कैसा होगा।
- दुनिया में 'सिक्का' सिर्फ उसी का चलता है जिसकी जेब नोटों से भरी होती है।
- जिंदगी जीने का असली मज़ा तभी आता है जब उस में कुछ नामुमकिन ख्वाब हो।
- आखिरी सांस तक जिंदगी का सुख भोगने वाले कभी भी सपने देखना नहीं छोड़ते।
- अपने प्रतिद्वंदी को देखना हो तो कुछ देर के लिए आईने के सामने खड़े हो जाओ।
- जो व्यक्ति चिंता और तनाव से डरते हैं उन के सपने कभी भी हकीकत नहीं बन पाते।
- कोई भी व्यक्ति किताबें पढ़े बिना अपने दिमाग का तेजी से विकास नहीं कर सकता।

- दूसरों की नकल सिर्फ वही लोग करते हैं जिन्हें अपनी अक्कल पर विश्वास नहीं होता।
- एक टाईम पर एक ही चीज हमारे पास रह सकती हैं या तो मोबाइल फोन या कामयाबी।
- जब तक हम सपने देखते रहते हैं हमें जिंदगी जीने का एक नया मकसद मिलता रहता है।
- हर दिन नई चुनौतियों का सामना कर के ही हम और अधिक रचनात्मक कार्य कर पाते हैं।
- जिन लोगों को अपने कद पर भरोसा नहीं होता वही लोग दूसरों को नीची नज़र से देखते हैं।
- कोई भी काम सिर्फ उस समय तक मुश्किल लगता है जब तक हम उसे एक बार कर नहीं लेते।
- कदम छोटे हो या बड़े हर दिन आगे बढ़ते रहिए, एक दिन सारे दु:ख, सुख में तबदील हो जाएंगे।
- हमारी किस्मत हमारे सिवाए दूसरा कोई नहीं बदल सकता, उसके लिए हमें ही प्रयास करने होंगे।
- सकारात्मक विचार, सोच या अन्य कोई भी चीज़ हो वो नकारात्मकता से हमेशा ही अच्छी होती है।
- एक समय पर एक खास लक्ष्य पर दृढ़ संकल्प से कार्य करने वालों का हर सपना पूरा हो जाता है।
- जो व्यक्ति पुरानी आदतों और चीजों को छोड़ने का दम रखते हैं वो जीवन में कुछ भी पा सकते हैं।
- जब चारों ओर अंधकार बढ़ने लगे और कुछ समझ न आए तो उस समय बहुत धीरे से चलना चाहिए।
- सही ढंग से योजना बना कर काम शुरू किया जाए तो हर लक्ष्य को आसानी से पाया जा सकता है।
- सफल लोगों के साथ कोई दोस्त हो या न हो लेकिन कुछ अच्छी किताबें उनके साथ हमेशा रहती है।

- सफल होने पर कभी अंहकार मत करना क्योंकि सुना है अंहकारी लोगों के दिल पत्थर के हो जाते हैं।
- सबसे अधिक सफल लोग अपने ज्ञान के अलावा दूसरों के ज्ञान को भी अपने जीवन में उतार लेते हैं।
- अपने सपनों को पूरा करने का सबसे पहला जरूरी कदम होता है कि हम बिस्तर से दूरी बना कर रखें।
- जिंदगी में इतने सपने तो जरूर पूरे करने चाहिए कि हम अपने परिवार की हर इच्छा को पूरा कर सकें।
- हर दिन में 1440 मिनट होते हैं यानी हमें एक दिन में 1440 मौके मिलते हैं अपनी किस्मत को बदलने के।
- जब हम कुछ भी बेहतर करने की सोचते हैं तो हमारे आसपास की हर चीज़ खुद ही बेहतर बनने लगती है।
- अपने आप से प्यार करो, अपने काम से प्यार करो, यही जुनून आपको सबसे बड़ी कामयाबी दिला सकता है।
- इश्क करना है तो अपने सपनों से करो ताकि उन्हें पूरा कर के सारी उम्र सुख-चैन और सुकून से रह सकें।
- कभी किसी से अपेक्षा मत रखो कि कोई अपने काम छोड़ कर आएगा और हमें कामयाब होने में मदद करेगा।
- सारे ख्वाब तो आज तक कभी किसी के पूरे नहीं हो पाए परंतु जिंदगी जीने की चाहत कम नहीं होनी चाहिए।
- हमारे अवचेतन मन बिना सोच-विचार के वैसे ही काम करता है जैसा हम उसे एक बार अच्छे से समझा देते हैं।
- जो सपना रात को सोते हुए और दिन में जागते हुए भी दिखाई देने लगे उसे हकीकत बनने में देर नहीं लगती।
- हमें कभी भी एक जैसा नहीं रहना चाहिए, हर दिन कुछ नया और बेहतर करने से ही रचनात्मक विचार बढ़ते हैं।
- जिंदगी और मौत हमारे हाथ में नहीं है लेकिन इसके बीच की जिंदगी कैसे जी जाती है यह तो हमारे हाथ में है।

- यह सच है कि हमारे जीवन का हर दिन अच्छा नहीं होता लेकिन हर दिन में कुछ न कुछ जरूर अच्छा होता है।
- हमें कभी भी यह नहीं सोचना चाहिए कि क्या सोचें, बल्कि हमें यह प्रयास करना होगा कि सबसे बेहतर कैसे सोचें।
- नकारात्मक विचार जो कुछ हमें करने से रोकते हैं सकारात्मक विचार उसी को हकीकत में बदलने की ताकत देते हैं।
- ज्यादा सवाल पूछने वालों से बेशक कुछ लोग परेशान होते हो लेकिन ऐसी सोच वाले सफल बहुत जल्दी हो जाते हैं।
- सपनों के पीछे भागना अच्छी बात है लेकिन इतनी तेजी से भी नहीं भागना चाहिए कि हम जीवन जीना ही भूल जाए।
- कुछ लोग अपनी समस्याओं को इतने बेढ़ंगे तरीके से बताते हैं कि उनका हल ढूंढने वाले खुद परेशानी में आ जाते हैं।
- हमारे आसपास अनेकों लोग रोज असफल हो जाते हैं लेकिन यह भी सच है हजारों लोग हर दिन सफल भी हो रहे हैं।
- सफलता की राह में अगर बड़े पत्थर आ जाए तो डरने की जरूरत नहीं आप भी छेनी, हथौड़े का इस्तेमाल कर सकते हैं।
- बाहरी समस्याओं को जल्द से जल्द सुलझा लेना चाहिए वरना हमारे दिलो-दिमाग में उलझनें पैदा होनी शुरू हो जाती है।
- असफलता से कभी नहीं डरना चाहिए क्योंकि कुछ नया सीखाने के लिए यह भी हमारी जिंदगी का एक अहम हिस्सा होती है।
- हर क्षेत्र में सफलता पाने के लिए हमें सबसे पहले अपने नकारात्मक विचारों को सकारात्मकता में बदलना जरूरी होता है।
- सपनों को सच करने वाले गर्मी, सर्दी और बरसात की परवाह किये बिना अपने काम को सबसे पहली प्राथमिकता देते हैं।
- अगर कोई इंसान अपनों से धीरे-धीरे दूर हो रहा है तो इसका मतलब है कि वो किसी खास लक्ष्य के करीब जा रहा है।
- आज तक किसी का कोई भी सपना दया या भीख मांगने से पूरा नहीं हो पाया, उसके लिए खुद ही संघर्ष करना पड़ता है।

- सकारात्मक विचारों की शक्ति को बढ़ाने का सबसे आसान तरीका यही है कि हम हर दिन अपनी जागरूकता को बढ़ाते रहें।
- कोई भी व्यक्ति कभी भी इतना कमजोर नहीं होता कि वो अपने जीवन का कोई लक्ष्य तय कर के उसे पूरा न कर सकें।
- कामयाबी का असली मज़ा तभी आता है जब हम कई बार गिरते हैं, फिर से गिर कर उठते हैं और उसके बाद सफलता पाते हैं।
- दूसरी किताबों के साथ अगर जीवन की पुस्तक को भी पढ़ते रहें तो बहुत सारी समस्याओं का हल आसानी से मिल जाता है।
- लेकिन, किन्तु, परन्तु जैसे शब्दों को हटा कर आस, उम्मीद और विश्वास में बदलने से सफल होना बहुत आसान हो जाता है।
- आजकल लोग पढ़ाई-लिखाई और समय के महत्त्व को जानते हुए भी न जाने अपना वक्त सोशल मीडिया पर क्यूं बेकार करते हैं।
- हर सपने को पूरा किया जा सकता है बस शर्त सिर्फ इतनी सी है कि हमें उसके लिए दूसरों से थोड़े अधिक प्रयास करने होंगे।
- एक बात सदैव याद रखो कि अगर दूसरे लोग अपनी हर इच्छा पूरी कर सकते हैं तो हम भी अपने सपनों को सच कर सकते हैं।
- हर दिन कोशिश कर के नए और मौलिक विचारों पर काम करने का प्रयास करने का स्वभाव रखने वाले ही इतिहास रच पाते हैं।
- सबसे आगे रहने के लिए जो कुछ बाकी सभी लोग देखते हैं हमें उससे आगे बढ़ कर कुछ अनूठा करने की कोशिश करनी होगी।
- मूर्ख लोगों से बेकार के वाद-विवादों से सदा ही बचना चाहिए, ऐसा करने से हमारी इज्जत और समय दोनों ही बर्बाद हो सकते हैं।
- दिमाग को तेज बनाने के लिए हमें उन महान हस्तियों की पुस्तकें पढ़नी चाहिए जिससे हम उनके अनुभव का अधिकतम लाभ उठा सकें।
- जो कुछ हम अभी नहीं कर सकते उसे भूल कर हमें अपना सारा ध्यान उस लक्ष्य पर लगाना चाहिए कि हम क्या कुछ कर सकते हैं।
- मन से दोस्ती करना बहुत जरूरी होता है क्योकि हमारी जिंदगी के 90 प्रतिशत से अधिक कार्य हमारा अवचेतन मन ही करता है।

- अगर किसी सपने को पूरा करने में हमारी हिम्मत साथ न दें तो उस समय उसे पूरा करने के लिए बच्चों की तरह जिद्दी बन जाओं।
- बुद्धिमान लोग आने वाले हर कल की आहट को पहले से जान लेते हैं इससे पहले की कोई मुश्किल आए वो उसे दूर से ही पहचान लेते हैं।
- आजकल के युवा मोबाइल फोन के साथ तो सारी रात गुजार सकते हैं लेकिन किताबें देखते ही उन्हें न जाने क्यूं नींद आनी शुरू हो जाती है।
- मन की जागरूकता एक दिन में नहीं बढ़ती उसके लिए लगातार प्रयास करने पड़ते हैं लेकिन ध्यान रहें कि यहां आलस्य नहीं आना चाहिए।
- कुछ लोग अपना हर सपना तो पूरा करना चाहते हैं लेकिन उनकी परेशानी यह है कि कि वो दिन में मेहनत करना नहीं चाहते और रात को सपनों में काम हो नहीं सकता।
- कुछ लोग खुद को सारी उम्र कमजोर समझते रहते हैं लेकिन जिस दिन वो अपने जोश को जगाने में कामयाब हो जाते हैं उसी दिन से वह अपने सपने साकार कर पाते हैं।

❖

..4..

नजरिया (Attitude) हो तो ऐसा

आज किसी भी व्यक्ति को देख लो हर कोई सुबह से रात तक भागे जा रहा है। पैसा कमाने और अपना रूतबा बढ़ाने का नशा इतना हावी हो चुका हैं कि लोग अपनी जिंदगी को भी दांव पर लगाने से नहीं चूकते। सभी लोगों की सिर्फ एक ही चाहत है कि वो सबसे पहले सफलता की बुलंदियों तक पहुंच पाए। उसके लिए वो कोई भी कीमत देने को तैयार है। बस समाज में बड़ा नाम और अच्छी साख होनी चाहिए जिससे हर कोई उसके रूतबे को सलाम करें। लेकिन लाखों की भीड़ में चंद लोग ही ऐसे होते हैं जो अपनी मंजिल तक पहुंच पाते हैं। सोचने वाली बात यह है कि कामयाब और असफल लोगों में क्या फर्क होता है। जब सभी एक साथ एक जैसे प्रयास करते हैं तो फिर सभी को सफलता क्यूं नहीं मिलती? इस सवाल का जवाब एक छोटे से अक्षर में छिपा है और वो हैं हमारा 'नजरिया'। हमारा नजरिया ही यह तय करता हैं कि हम अपने जीवन में क्या कुछ कर सकते हैं और क्या कुछ कर पाएंगे। हमारे अंदर कितनी क्षमता है और हम उसका कितना उपयोग कर सकते हैं। जिंदगी में कभी भी सारी चीजें हमारी इच्छानुसार नहीं होती। अब अगर हवाई जहाज का ही उदारण देखें तो पायलट कभी इस बात का इंतजार नहीं करते कि जब हवा का रूख उनके मुताबिक होगा तभी वो उड़ान भरेंगे। ऐसी सोच रखने से वो कभी भी अपनी मंजिल तक नहीं पहुंच पाएंगे। इसीलिए बुद्धिमान लोग समझाते हैं कि हमें सदैव अपनी पढ़ाई-लिखाई, पैसे और व्यक्तित्व से अधिक महत्त्व अपने नजरिये को देना चाहिए। आजकल हम लोग दूसरों के व्यक्तित्व का मूल्यांकन भी उनके नजरिये को देख कर ही करते हैं। सरकारी हो या प्राइवेट बड़े पदों पर जब

नौकरी के लिए इंटरव्यू होता है तो उसमें अधिकतर यही पूछा जाता है हमारी जिंदगी का सबसे मुश्किल दौर कौन-सा था। हम ने उस समय के हालातों से कैसे मुकाबला किया। किस तरह उस मुश्किल दौर से निकल कर फिर से जीवन की गाड़ी को पटरी पर ला पाए। आइये जानते हैं वो महत्त्वपूर्ण बातें जो हमारे नजरिये को सकारात्मक बनाने के साथ मजबूत बनाती है।

- जिंदगी को जिस नजरिये से देखोगे यह हर बार वैसी ही दिखाई देती है।
- महान लोगों का नजरिया कामयाबी के अलावा कभी कुछ और नहीं देखता।
- दूसरों के प्रति थोड़ी-सी दया इंसान को भगवान का दर्जा दिला सकती है।
- ज्ञानी और विद्वान लोग कभी भी अपने सिद्धांतों के साथ समझौता नहीं करते।
- नजरिया बदल कर जिंदगी का रूख कभी भी किसी और बदला जा सकता है।
- जिंदगी को एक मज़ाक की तरह देखो और समझों, कसम से बहुत खुशी मिलेगी।
- हर दिन एक जैसा ही कर के हम कभी भी पहले से बेहतर नतीजे नहीं पा सकते।
- हमारे विचार तभी सकारात्मक हो सकते हैं जब हमारा नजरिया सकारात्मक होता है।
- वक्त से बड़ा सिकंदर इस दुनिया में आज तक कोई नहीं हुआ और न ही हो पाएगा।
- जो हमें बिना किसी कारण के छोड़ कर जाना चाहें उन्हें कभी भी नहीं रोकना चाहिए।
- जीवन में एक बार संतुलन बनाना सीख लो, बाकी जिंदगी खुद ही संतुलित हो जाएगी।
- चेहरे पर मुस्कान और नजरिया सकारात्मक हो तो जिंदगी की हर राह आसान हो जाती है।

- सृजनात्मक विचारों वाले लोग कभी भी नेगेटिव लोगों को अपना समय बर्बाद नहीं करने देते।
- अपनी जिंदगी को कभी भी इतना मत उलझाओं की बाद में उसे सुलझाना ही कठिन हो जाए।
- हर किसी का अपना वक्त होता है कोई सब कुछ कह जाता है तो कोई चुपचाप सह जाता है।
- कुछ लोगों की सोच इतनी छोटी होती है कि सफाई कर्मचारी भी उसे उठाना पसंद नहीं करते।
- हर इंसान में कुछ न कुछ खूबियां और कमियां जरूर होती हैं, इसलिए जैसे भी हो वैसे ही रहो।
- सही नजरिया किसी भी इंसान के नकारात्मक विचारों को सकारात्मक बनाने की क्षमता रखता है।
- दुनिया का सबसे खूबसूरत नजरिया एक ही है कि अपने चेहरे पर बढ़िया सी 'स्माईल' जरूर रखें।
- हमें सिर्फ उस समय खुद को बदलने की जरूरत होती जब लोग हमारी नकल करना शुरू कर दें।
- पैसे के लिए पागलपन दिखाना बेवकूफी होता है क्योंकि पैसा कभी किसी के लिए पागल नहीं होता।
- हमारी सोच कितनी भी बेहतर क्यूं न हो लेकिन हम हर दिन के साथ उसे और बेहतर बना सकते हैं।
- हमारी जिंदगी सिर्फ हमारी है, किसी को भी उस में बेवजह टांग अड़ाने की इजाजत नहीं देनी चाहिए।
- हम सबसे अधिक प्रभावशाली और शक्तिशाली तभी बन सकते हैं जब मन में कुछ खोने का डर न हो।
- जरूरतमंद के प्रति थोड़ी-सी दया दिखाने से बढ़ कर इस दुनिया में कोई भी नेक काम नहीं हो सकता।
- कोई व्यक्ति कितना भी होशियार क्यूं न हो लेकिन वो कभी किसी दूसरे इंसान की जगह नहीं ले सकता।
- कुछ लोगों को गूगल सिर्फ इसलिए बिलकुल बेकार लगता है क्योंकि वो उनके लिए खाना नहीं बना सकता।

- जो लोग हम से ईर्ष्या करते है उनसे भी प्यार करो, क्योंकि यही लोग हमें कुछ नया करने की प्रेरणा देते हैं।
- लोगों की जरूरत से ज्यादा परवाह करने की जरूरत नहीं होती क्योंकि जिन्होने छोड़ना हैं वो छोड़ ही जाएंगे।
- जिंदगी की उथल-पुथल से कभी घबराना नहीं चाहिए क्योंकि बिना हलचल के भी जीवन बोर करने लगता है।
- अपने विचारों का मैं खुद ही अकेला मालिक हूँ इसीलिए मेरा दिमाग सिर्फ मेरी मर्जी मुताबिक ही काम करता है।
- सकारात्मक नजरिया रखने वाले अभी जीते या न जीते लेकिन एक दिन वो जिंदगी में जरूर सफल हो जाते हैं।
- हमारे नजरिये में बहुत ताकत होती है वो बेशक जैसा भी हो लेकिन हमारी जिंदगी में बड़े बदलाव ला सकता है।
- जिंदगी की सब से बड़ी खुशी का आनंद लेना हो तो दूसरों की खुशी को भी अपनी खुशी समझना शुरू कर दो।
- अभी तक लोग हमारे पैसे और तरक्की से जलते थे, आजकल तो उन्हें हमारी एक मुस्कहराट भी खलने लगी है।
- हमारे नकारात्मक विचार पैंचर टायर की तरह होते हैं जब तक हम उन्हें बदलेगे नहीं हम कहीं नहीं पहुंच पाएंगे।
- हमें कभी-कभार यह हिसाब भी लगा लेना चाहिए कि कौन-कौन हमारे साथ हैं और हम कितने लोगों के साथ हैं।
- अपनी हर चाहत चाहे छोटी हो या बड़ी उसे पूरा करने में सकारात्मकता बहुत ही अहम भूमिका निभाता है।
- जब भी किसी से कोई बात कहो तो वो इतनी दमदार होनी चाहिए कि सामने वाले को सोचने पर मजबूर कर दें।
- हम लोग दूसरों के नजरिये को बिलकुल भी पसंद नहीं करते जबकि हम हर किसी पर अपनी बात थोपना चाहते हैं।
- अपनी सोच और नजरिये में कभी भी नकारात्मक भाव मत आने दो वरना आत्मविश्वास खत्म होने में देर नहीं लगती।
- सिर्फ शक्ल सूरत से ही कोई अच्छा नहीं बन सकता, कामयाब होने के लिए सबसे महत्त्वपूर्ण होता है हमारा नजरिया।

- आजकल लोग जब अपनी बात ठीक से दूसरों को समझा नहीं पाते तो वो उन्हें उलझाने की कोशिश करने लगते हैं।
- कभी भी किसी काम को अधूरा नहीं छोड़ना चाहिए क्योंकि कुछ समय बाद यही हमारे स्वभाव का हिस्सा बन जाता है।
- जो लोग हम पर शक करते हैं वो अभी तक हमें ठीक से जानते नहीं और जो अच्छे से जानते हैं वो कभी शक नहीं करते।
- यदि कोई हमारे नेक विचारों को ठीक से समझना ही न चाहे तो उसे दुनिया की कोई ताकत कुछ नहीं समझा सकती।
- इस दुनिया में समस्या नाम की कोई चीज नहीं है असल में हमारा नजरिया और गलतियां ही समस्याओं को जन्म देती है।
- जब हमें दूसरे लोगों में उनकी खूबियां दिखाई देने लगे तो फिर हमारा भविष्य खुद-ब-खुद ही खूबसूरत बनने लगता है।
- अधिकतर लोगों को मेहनत कर के पैसा कमाने का शौक तो नहीं होता परंतु वो सिर्फ स्वादिष्ट खाने के दीवाने होते हैं।
- कुछ लोगों को जीवन में तरक्की तो बहुत अच्छी लगती है लेकिन उन्हें मेहनत से काम करना बिलकुल पसंद नहीं होता।
- आजकल नकली सामान और नकली इंसान इतनी तेजी से बढ़ रहे हैं कि असली को ढूंढ़ना ही मुश्किल होता जा रहा है।
- कोई हम से प्यार करें या नफरत, लेकिन कभी किसी को इतनी छूट मत दो कि वो हमें ही बदलने की कोशिश करने लगे।
- समस्याओं को हर समय समस्या की तरह देखना छोड़ कर उसमें से कामयाबी के मौके तलाशने का प्रयास करना चाहिए।
- खामोश रह कर भी बहुत सारे करिश्में किये जा सकते हैं। वृक्ष हमें फूल-फल और ठंड़ी छाया बिलकुल चुप रह कर ही देते हैं।
- वक्त तो हर समय ही ठीक होता है इसलिए अच्छे वक्त के इंतजार में नेक काम को शुरू करने में देरी नहीं करनी चाहिए।
- दिल के दर्द को कम करने का सबसे आसान रास्ता एक ही है कि इसे कभी-कभी अपने करीबियों के सामने खोल दिया करो
- वर्तमान की अहमियत तो समझने वाले लोग कभी भी किसी से बीते हुए समय की बातों में अपना कीमती वक्त बर्बाद नहीं करते।

- चुप रह कर बहुत सारी परेशानियों से बचा जा सकता है और खुश रह कर जिंदगी में बहुत कुछ अतिरिक्त हासिल किया जा सकता है।
- भगवान ने हम सभी को आँखें तो एक जैसी दी है लेकिन दुनिया को देखने का नजरिया फिर भी हर किसी का अलग ही होता है।
- अगर कोई इंसान हमारी भावनाओं के साथ खिलौने की तरह खेलना चाहें तो उसे फिर अच्छे से जिंदगी का सारा खेल सिखा देना चाहिए।
- छोटे-छोटे कदमों से अपनी मंजिल का सफर शुरू करो, एक दिन आप वो सब कुछ पा लोगे जो कल तक आपको असंभव लगता था।
- कुछ लोग इसलिए बहुत कम लोगों से दोस्ती रखते हैं क्योंकि वो अधिक मात्रा की बजाए अच्छे गुणों वाले लोगों में विश्वास रखते हैं।
- धैर्यपूर्वक बनाई हुई योजना से ही हमें इतना आत्मविश्वास मिलता है कि हम जिंदगी की हर समस्या का आसानी से मुकाबला कर पाते हैं।
- एक बार जो व्यक्ति हमें धोखा दे जाए उसके बाद वो चाहे कितना भी बड़ा आदमी क्यूं न बन जाए उस पर एतबार नहीं करना चाहिए।
- हमारे माँ-बाप, टीचर कितना भी अच्छा ज्ञान क्यूं न दे दें लेकिन फिर भी न जाने हमें अपने दोस्तों की बेकार की बातें ही क्यूं पसंद आती है।
- जिन लोगों को अपने व्यक्तित्व पर पूरा विश्वास होता है वो कभी किसी की नकल नहीं करते, क्योंकि वो असल की कीमत को समझते हैं।
- हमें हमेशा दूसरों के प्रति प्यार और दया के भाव रखने चाहिए क्योंकि यह ऐसी भाषा हैं जिसे गूंगें, बहरे और अंधें भी सुन और समझ सकते हैं।
- हमारी जिंदगी बिलकुल एक 'कार' की तरह है उसकी चाबी कभी किसी दूसरे को मत देना वरना वो उसे चला कर न जानें कहा गुम हो जाएगा।
- हम चाहें कितनी भी नेकी कर लें लोग चंद दिनों में सब कुछ भूल जाते हैं लेकिन हमें फिर भी नेकी करने का स्वभाव कभी नहीं छोड़ना चाहिए।
- अच्छे से विचार करने के बाद जो काम हमें ठीक लगता है हमें सिर्फ वही करना चाहिए दुनिया वाले तो कुछ न कुछ कमियां निकालते ही रहेंगे।

- अगर गलती से हमारा मोबाइल फोन गिर जाए तो हमारी जान निकलने लगती है मगर दोस्त सड़क पर गिर जाए तो हमारी हंसी निकल जाती है।
- हमें अपनी साँसों पर भरोसा हो या न हो लेकिन हम उम्मीद करते हैं कि दूसरे सभी लोग हमारी प्रतिभा और क्षमता पर आंख बंद कर के विश्वास करें।
- ऐसा नहीं होता कि रचनात्मक विचार रखने वालों की जिंदगी में कभी कोई परेशानी नहीं आती, परंतु नकारात्मक सोच वाले उस समय उनसे दूर हो जाते हैं।
- हमें हमेशा अपनी औकात में रहना चाहिए परंतु अगर किसी को प्यार की भाषा समझ न आ रही हो तो उसे उसकी औकात दिखाने में कोई हर्ज नहीं होता।
- जीवन में कुछ बातों का मतलब दिल से और कुछ का दिमाग से समझ आता है परंतु अधिकतर बातों को गहराई से जानने के लिए सही नजरिये की जरूरत होती है।
- जिंदगी में सब कुछ ठीक करने में वक्त बर्बाद नहीं करना चाहिए, क्योंकि बहुत सारी चीजें हमारे बस में नहीं होती, इसलिए वो जैसी हैं उन्हें वैसे ही स्वीकार कर लेना चाहिए।
- हमें एक बात सदा याद रखनी चाहिए कि सभी लोग हमें पसंद नहीं करते। लेकिन हमें यह भी नहीं भूलना चाहिए कि हर कोई इतना पारखी भी नहीं होता कि हीरे की पहचान कर सकें।

❖

..5..

डिप्रेशन से जंग

नए जमाने में हर चीज बहुत तेजी से बदल रही है। जब तक हम एक तकनीक को ठीक से समझने लायक होते हैं तब तक उसमें बहुत सारे नए बदलाव आ जाते हैं। हम लाख चाह कर भी समय के साथ कदम मिला कर नहीं चल पा रहे हैं। ऐसे में जब कुछ काम हमारी मर्जी मुताबिक नहीं होते तो हमें ऐसा महसूस होने लगता हैं कि हम डिप्रेशन में जी रहे हैं। असल में जागरूकता के अभाव में हम बहुत जल्द निराशा के भाव में डूबने लगते हैं। थोड़े से दु:ख को हम डिप्रेशन समझने लगते हैं। इन्हीं बातों को ध्यान में रखते हुए आज अगर हम अपने देश की बात करें तो माना जाता है कि 10 लोगों में 3-4 लोग अपनी जिंदगी डिप्रेशन में जी रहे हैं। आप जानकर हैरान होंगे कि सिर्फ आम आदमी ही नहीं बल्कि करोड़पति-अरबपति, जाने-माने सिलेब्रिटीज भी डिप्रेशन से पीड़ित होते जा रहे हैं। आज कल तो यह बीमारी बच्चों में भी आम देखने को मिलने लगी है। भविष्य की चिंताओं को ले कर बहुत सारे लोग आत्महत्या कर रहे हैं। जब से सारी दुनिया में अचानक 'कोरोना' ने हमला किया है हर तरफ अनिश्चिता का माहौल बढ़ने लगा है। इस बीमारी के आक्रमण के चलते पिछले 4 महीने में 300 से अधिक लोग अपनी जीवनलीला समाप्त कर चुके हैं। इन सभी बातों पर गौर से विचार किया जाए तो एक ही कारण सामने आता है और वो है डिप्रेशन। बाकी दूसरी बिमारियों की तरह डिप्रेशन के भी कई कारण हो सकते हैं। इस अध्याय में हम उन्हीं सभी बातों पर विचार करेंगे कि कैसे एक छोटी-सी चिंता हमें डिप्रेशन जैसी गंभीर बीमारी की और धकेल देती है। डिप्रेशन के साथ सबसे बड़ी दिक्कत यह आती हैं कि न तो मरीज को और न ही उसके

घर वालों को मालूम पड़ता है कि उनका करीबी डिप्रेशन का शिकार हो रहा है। इसलिए इस रोग को समझने के लिए जागरूकता की बहुत जरूरत होती है ताकि हम डिप्रेशन के लक्षणों को ध्यान में रखते हुए उसका जल्द से जल्द इलाज शुरू करवा सकें। हमें विश्वास है कि नीचे लिखी हुई बातों को समझ कर आप भी आसानी से डिप्रेशन जैसे रोगों से अपने साथ करीबी लोगों को भी इस नामुराद बीमारी से बचा पाएंगे।

- दिल से खुश होना और सिर्फ खुश दिखना दोनों में बहुत फर्क होता है।
- डिप्रेशन के रोगी या तो बहुत अधिक सोने लगते हैं या बिलकुल नहीं सोते।
- हमारा हर विचार एक जंग की तरह होता है हमें बार-बार उससे लड़ना होगा।
- जहाँ तक मुमकिन हो पाए अपने अतीत की बातों से परेशान नहीं होना चाहिए।
- हर चुनौती से मुकाबला करने के बाद जिंदगी और अधिक खूबसूरत बनने लगती है।
- हमारे गुरु भी अनेकों बार असफल होने के बाद ही सफलता का स्वाद चख पाए थे।
- आजकल अधिकतर लोग हमें तभी पसंद करते हैं जब उनको हमारी जरूरत होती है।
- जिंदगी में बड़ी कामयाबी हासिल करनी है तो थोड़ा-बहुत तनाव तो झेलना ही पड़ेगा।
- हालात कितने भी बुरे और खराब क्यूं न हो, कुछ समय बाद सब कुछ ठीक हो जाता है।
- सिर्फ बड़े जूते पहन कर और चीखने चिल्लाने से कभी कोई व्यक्ति महान नहीं बन पाया।
- डिप्रेशन का जन्म हमारे अंदर से ही होता है और हमारे पास उसे रोकने की ताकत भी है।

- जिन चीजों या हालात पर हमारा कोई नियंत्रण नहीं होता उनके बारे में चिंता करना व्यर्थ है।
- जिस कारण से हमारी जिंदगी में तनाव बढ़ रहा हो, उस माहौल को तुरंत बदल देना चाहिए।
- डिप्रेशन की सबसे बुरी बात यह है कि यह हमारे दिल और दिमाग को हम से दूर कर देता है।
- कुछ देर चिंतन या ध्यान साधना करने से मानसिक तनाव को सदा के दूर किया जा सकता है।
- एक इच्छा जो हर इंसान को तनाव में धकेलती है वो है अधिक से अधिक धन-दौलत पाने की लालसा।
- अगर हम समय पर ठीक से खाना नहीं खाते तो भी तनाव और डिप्रेशन हमें दु:खी कर सकते हैं।
- जब मन निराशा और उदासी से भर जाएं तो उसे हल्का करने के लिए कुछ देर रो लेना चाहिए।
- उस समय तक कोई जादू भी काम नहीं कर सकता जब तक हम खुद अपना काम शुरू नहीं कर देते।
- हमारा मन बेशक कितना भी उदास क्यूं न हो उसके भाव कभी दूसरे व्यक्ति को नहीं दिखने चाहिए।
- हर बात को कभी भी बहुत गंभरीता से नहीं लेना चाहिए, कोई भी समझदार व्यक्ति ऐसा नहीं करता।
- तरक्की के लिए शार्ट-कट रास्ते अपनाने का मतलब है खुद के लिए चिंता और डिप्रेशन पैदा करना।
- हमारी जिंदगी सभी को कुछ न कुछ अलग देती है इसलिए हर कदम बहुत सोच समझ कर बढ़ाना चाहिए।
- जब तक मौत खुद घुटनों के बल चल कर नहीं आती तब तक हमें जिंदगी को खुल कर जीना चाहिए।
- दोस्त आते-जाते रहते हैं, चीजें बदलती रहती है लेकिन जिंदगी अपनी रफ्तार से आगे बढ़ती रहती है।

- तनाव और डिप्रेशन पर काबू पाने का सबसे सरल तरीका यही है कि हम अपनी इच्छाओं पर काबू रखें।
- जो लोग जिंदगी की नब्ज को ठीक से नहीं समझ पाते वो तनाव और डिप्रेशन के शिकार होने लगते हैं।
- तनावमुक्त जीवन जीने के लिए हर हाल में मस्त रहो, न तो कभी किसी की बुराई करो और न ही सुनो।
- हमारी जिंदगी एक बहुत ही खास किताब की तरह है जिस का अधिकतर भाग हम ने अभी तक नहीं पढ़ा।
- अपने किसी भी काम को बेवजह लटकाए नहीं, समय पर काम पूरा करने से मन को बहुत शांति मिलती हैं।
- अवसाद और डिप्रेशन से बचने के लिए हर दिन खुश रहना सीख लो वरना बाद में बहुत पछताना पड़ता है।
- जिंदगी का सफर भी बहुत अजीब है किसी को मंजिल का पता नहीं तो कोई मंजिल की राह से अनजान है।
- ईर्ष्या और गुस्से से कामयाबी तो कभी किसी को नहीं मिली लेकिन ऐसे लोग डिप्रेशन में जरूर चले जाते हैं।
- हम अपनी अदंरूनी भावनाओं को बेशक कितना भी छिपा लें परंतु हमारी आँखें सब कुछ बयां कर ही देती है।
- कुछ जख्म ऐसे होते हैं जो शरीर पर दिखाई नहीं देते शायद उसे ही मानसिक तनाव और डिप्रेशन कहते हैं।
- जब तक कोई भी चीज़ हमें शारीरिक रूप से नुकसान नहीं पहुंचाती वो हमें और अधिक मजबूत ही बनाती है।
- जब हालात हमारे काबू में न हो तो उन्हें प्रभु इच्छा पर छोड़ देना चाहिए, वो हमें हमारे से बेहतर नतीजे देगा।
- हम जब दूसरों के मुकाबले में खुद को कमजोर समझने लगते हैं तो हमारे अंदर हीन भावना पैदा होने लगती है।
- जिंदगी का हर एक पल अनमोल होता है उसका अधिक से अधिक उपयोग करने की कोशिश करते रहना चाहिए।

- जरूरत और चाहत में बहुत फर्क होता है, जिंदगी का मज़ा लेना है तो इन दोनों में तालमेल बिठाना सीखना होगा।
- हम जो कुछ जीवन में पाना चाहते हैं उसे खुल कर स्वीकार करने के साथ-साथ प्रयास शुरू करने की जरूरत होती है।
- किसी बेहद करीबी की मृत्यु या अचानक उसका साथ छूट जाए तो भी उसे बहुत सारे लोग बर्दाशत नहीं कर पाते।
- भविष्य में खुश रहने की गारंटी सिर्फ इसी बात से मिल सकती है कि हम वर्तमान में खुश रहने का स्वभाव बना लें।
- समय और हालात के मुताबिक अपनी सोच और व्यवहार को बदलते रहने से बहुत सारी परेशानियां खत्म हो जाती है।
- चेतन मन का अधिक से अधिक उपयोग करने वालों के जीवन में किसी किस्म का कोई तनाव या अन्य समस्या नहीं आती।
- हर इंसान की जिंदगी का सफ़र अलग किस्म का होता है, इसलिए कभी किसी से भी खुद की तुलना करना ठीक नहीं होता।
- जब कभी किसी से झगड़ा करने का मन हो तो भगवान से लड़ाई कर लेनी चाहिए वो कभी किसी बात का बुरा नहीं मानता।
- सकारात्मक सोच वाले भी कई बार मानसिक तनाव में आ जाते हैं लेकिन वो बहुत जल्द उससे निकलने का हुनर भी जानते हैं।
- जब हमें हर चीज़ के नतीजे अपनी मनमर्जी के मुताबिक नहीं मिलते हैं तो वहीं से मानसिक तनाव की फसल उगनी शुरू हो जाती है।
- हर व्यक्ति को कामयाबी समय आने पर ही मिलती है लेकिन बेवजह उसका फिक्र करने से मानसिक तनाव बहुत तेजी से बढ़ता है।
- हमें ही अपनी हिम्मत और हौसला इतना मजबूत रखना चाहिए कि बुरे में बिखरने की बजाए खुद को निखार सकें।
- तनाव और डिप्रेशन हमें सिर्फ उस समय तक परेशान करता है जब तक हमारे अंदर आत्मविश्वास और इच्छाशक्ति की कमी होती है।
- छोटी-छोटी बातों से ही खुशियां मिलती है, बातों से ही गम और दर्द पैदा होते हैं। बातों से ही उन पर महरम लगाया जा सकता है।

- हाथों की लकीरों पर कभी एतबार मत करना क्योंकि हमारे अंदर इतनी शक्ति है कि हम जब चाहे अपनी किस्मत को बदल सकते हैं।
- किसी भी कारण से जब चिंता या तनाव बढ़ने लगे तो उस समय दुःखी होने की बजाए मन को शांत रखने का प्रयास करना चाहिए।
- बीते हुए कल को हम नहीं बदल सकते लेकिन आने वाला कल तो हमारे हाथ में है। उसमें हम जो चाहें वो कर के दिखा सकते हैं।
- हमें कभी भी अपनी जिंदगी से नाराज नहीं होना चाहिए क्योंकि बहुत सारे लोग हैं जो ऐसी जिंदगी जीने का सिर्फ सपना देखते हैं।
- सारी रात सोने के बाद भी जब कोई सुबह थका-थका सा महसूस करें तो यही समझ आता है कि डिप्रेशन दिमाग में घर बना रहा है।
- पानी की तरह चुपचाप बहने और मौज में रहने वाले अवसाद और तनाव जैसी बीमारियों से किसी प्रकार का कोई रिश्ता नहीं जोड़ते।
- डिप्रेशन में आदमी धीरे-धीरे डूबता जाता है पर अफसोस की बात तो यह है कि उसके करीबी साथी भी यह सब ठीक से नहीं देख पाते।
- जब हम डिप्रेशन में होते हैं उस समय हम अपने विचारों को काबू में नहीं रख पाते बल्कि हमारे नकारात्मक विचार हम पर हावी हो जाते हैं।
- जरूरत से अधिक शांत, दुःखी रहना, परिवार और समाज से दूर रहने वाले व्यक्तियों को यह रोग बहुत जल्द अपनी गिरफ्त में ले लेता है।
- हमारी जिंदगी में तनाव और डिप्रेशन सबसे अधिक उस समय आता है जब हम अपना सारा ध्यान दूसरों को खुश करने में लगा देते हैं।
- हम जिंदगी में किसी कारण से हुए नुकसान से इतने दुःखी नहीं होते जितना की उसके बारे में लगातार सोच कर तनाव में रहने लगते हैं।
- काम करते समय एक-एक पल का ध्यान रखना चाहिए क्योंकि जितना हम सोचते हैं वक्त उससे बहुत तेजी से हमारे हाथ से निकल जाता है।
- नकारात्मक सोच पर सदैव लगाम लगा कर रखनी चाहिए क्योंकि इसी के चलते ही कोई व्यक्ति चिंता, तनाव और डिप्रेशन का शिकार होता है।
- दूसरों से आगे रहने के लिए सदैव अपने हुनर का बेहतर इस्तेमाल करने की कोशिश करनी चाहिए, इससे डिप्रेशन कभी परेशान नहीं कर पाता।

- कुछ देर ध्यान साधना करने से दिमाग को तेजी से काम करने और चीजों को याद रखने के लिए काफी सारी अतिरिक्त ऊर्जा मिल जाती है।
- खाने-पीने, घूमने, पढ़ने आदि में जब हमारा मन न लगे तो हमें समझ लेना चाहिए कि हमारा मानसिक तनाव हमें डिप्रेशन की तरफ धकेल रहा है।
- 'कोरोना' बीमारी के कारण कई लोगों की कमाई बिलकुल बंद हो गई हैं, ऐसे लोग नया रास्ता खोजने की बजाए डिप्रेशन से पीड़ित होते जा रहे हैं।
- हर समय नकारात्मक सोच रखना और हर किसी के काम में बेकार की कमियाँ निकालने वाले व्यक्ति अपने ही जीवन की शांति को खत्म करते रहते हैं।
- अपने आसपास का माहौल और वातावरण सदैव सकारात्मक रखना चाहिए वरना छोटी-छोटी नकारात्मक बातें भी मानसिक तनाव पैदा करने लगती है।
- जब कभी भी मन में कोई बेकार का विचार आने की कोशिश करें तो उसे तुरंत ही रोक देना चाहिए वरना वो कचरा दिमाग में बहुत गदंगी फैला सकता है।
- हमें अपने जीवन से कभी भी जीने की इच्छा को खत्म नहीं होने देना चाहिए क्योंकि इसी से हमारी बाकी की सभी इच्छाएं खुद-ब-खुद ही खत्म हो सकती है।
- जब हम थोड़े से तनाव के चलते दूसरों से झल्ला कर या बदतमीजी से बात करने लगे तो हमें चौकन्ना हो जाना चाहिए कि यह हमारे डिप्रेशन की शुरुआत हो रही है।
- कई बार हम कुछ कार्यों के नतीजों से जरूरत से अधिक उम्मीद मन में पालने लगते हैं, परंतु जब परिणाम हमारी मर्जी मुताबिक नहीं आते तो हमारी भावनाएं हमें डिप्रेशन में जीने को मजबूर कर देती है।

❖

..6..

मजबूत मानसिकता - Strong Mindset

मजबूत मानसिकता के बारे में बात शुरू करने से पहले यह समझना जरूरी है कि जन्म से कोई भी व्यक्ति मानसिक और भावनात्मक रूप से मजबूत नहीं होता। उम्र के साथ हम अपने शरीर को तंदुरूस्त बनाए रखने के लिए तो बहुत कुछ करते हैं। लेकिन अपने दिमाग को मजबूत बनाने के लिए कुछ खास कोशिश नहीं करते। हमारे देश में अक्सर छोटे बच्चों के दिमाग में डर और नकारात्मक विचार भर दिये जाते हैं। नतीजतन वो सारी उम्र के लिए खुद को कमजोर और बेचारा समझने लगते हैं। उन्हें हमेशा ऐसा महसूस होता है कि उनसे कोई काम नहीं हो पाएगा। उनके अंदर इतनी ताकत ही नहीं है कि वो अकेले जमाने की मुश्किलों का सामना कर सकें। इस का एक मुख्य कारण यह भी है हमें दिमाग को मजबूत बनाने के बारे में कभी कोई जानकारी सही ढंग से दी ही नहीं जाती। जो कुछ हम अपने आसपास के माहौल में देखते हैं हमारे दिमाग पर उसी तरह का असर होने लगता है। शरीरिक ताकत से कही अधिक महत्त्वपूर्ण होता कि हम मानसिक रूप से मजबूत बनें। इसका फायदा यह होता है कि हमारे अंदर का जोश और जुनून हमेशा बना रहता है। जिस इंसान का जोश कभी ठंडा नहीं होता उसके लिए अपने जीवन में कुछ भी कर पाना असंभव नहीं होता। दृढ़ इच्छाशक्ति वाले अपने ज्ञान, बुद्धि और ताकत का सबसे अच्छा इस्तेमाल करते हुए खुद तो हर दिन आगे बढ़ते ही हैं, इसी के साथ दूसरें लोगों को भी साहसी और निडर बनने में मदद करते हैं। इस एक गुण की बदौलत ही हम अपने जीवन में नई राह बना कर सफलता को प्राप्त कर पाते हैं। जिस तरह शरीर को तंदुरूस्त बनाने के लिए बहुत सारी अच्छी खुराक और

व्यायाम की जरूरत होती है, उसी प्रकार दुनिया से हट कर कुछ अलग कर दिखाने के लिए हमें अपनी सोच और विचारों को मजबूत बनाना पड़ता है। मजबूत मानसिकता वाले एक ओर जहां अपनी बात पूरी निडरता से रखना जानते हैं वही वो साहसपूर्वक सामने वाले की बात को सुनते और समझते भी हैं। चुनौतियों से सामना करने वाले इस बात की परवाह नहीं करते कि दूसरे लोग हम पर कितना विश्वास करते हैं। वो तो सिर्फ इतना समझते हैं कि हम अपना आत्मविश्वास सदैव कैसे कायम रख सकते हैं। एक बात हमें सदा याद रखनी चाहिए कि जो काम हम ने अभी तक नहीं किया उसे आज से शुरू कर सकते हैं। बदलाव कुदरत का नियम है, इसलिए इस से डरने की जरूरत नहीं होती। हम हर दिन कुछ नया सीख कर अपने अंदर बहुत सारे बदलाव ला सकते हैं। यही परिवर्तन हमें जिंदगी के उतार-चढ़ाव से लड़ने में सक्षम बनाते हैं। यह सच है कि जीवन में किसी किस्म का बदलाव लाना हो या तरक्की की राह पर आगे बढ़ना हो तो बहुत कष्ट होता है। लेकिन एक बार यह सोच कर देखो कि अगर हमें बेवजह एक ही जगह पर रूक कर सारी जिंदगी गुजारनी पड़े तो वो कितना कष्टदायक होगा। आप भी अगर अपनी मानसिकता को मजबूत बना कर जीवन की हर परीक्षा में सफल होना चाहते हैं तो नीचे लिखे हुए विचारों पर गहन चिंतन करना होगा।

- प्रभावशाली सोच के बिना कोई भी इंसान मजबूत नहीं बन सकता।
- जो लोग मानसिक तौर पर मजबूत होते हैं उन्हें कोई नहीं हरा सकता।
- निडर और साहसी लोग हमेशा शिकारी बनना पसंद करते हैं शिकार नहीं।
- निडरता और साहस के बिना जीवन जीने का मज़ा अधूरा ही रह जाता है।
- अपने हर विचार में दृढ़ता और साहस के बीज़ जरूर डालते रहना चाहिए।
- हमारी दृढ़ इच्छाशक्ति ही हमारी कामयाबी का सबसे बड़ा हथियार होता है।
- मजबूत मानसिकता वाले जब भी कुछ करते हैं कमाल के करिश्में करते हैं।

- हमारी बहादुरी ही हमारे सारे सपनों को सच कर के खुशियाँ दिला सकती है।
- दूसरों को उतना ही खुश या नाखुश करना चाहिए जितना कि बहुत जरूरी हो।
- हमारी किस्मत और भविष्य को सिर्फ एक शक्तिशाली दिमाग ही बदल सकता है।
- जो लोग हवाई जहाज या समुद्री जहाज चलाते हैं वो तुफानों से कभी नहीं डरते।
- हिम्मत, हौसला किसी भी साधारण इंसान को शेर की तरह बहादुर बना सकती हैं।
- हर समय पैसे के पीछे दौड़ने वाले जिंदगी के अनमोल सुखों से वंचित रह जाते हैं।
- हमारा बुरा वक्त ही हमें बताता हैं कि हम उसे कितनी निडरता से झेलने में सक्षम हैं।
- इससे पहले कि जिंदगी हमें धोखा दे शक्तिशाली लोग उसे मौके में तबदील कर देते हैं।
- कामयाबी सिर्फ निडर, साहसिक एवं उत्साही व्यक्तियों के साथ ही रहना पसंद करती है।
- शक्तिशाली दिल और दिमाग के बिना जीवन की समस्याओं से लड़ना कठिन हो जाता है।
- जीवन में जितनी अधिक उथल-पुथल होगी वो हमें उतना ही अधिक मजबूत बना देती है।
- इस दुनिया का कोई भी काम आसान नहीं है, हर काम को हम खुद आसान बना सकते हैं।
- हालात तो बदलते रहते हैं लेकिन साहसी लोग कभी भी अपने सपनों का पीछा नहीं छोड़ते।
- जो चीजें हमारे नियंत्रण में नहीं होती उनके लिए समय और ताकत खर्च करना बेकार होता है।
- जिंदादिल इंसान कभी अपने जख्म नहीं दिखाते वो जब भी मिलेंगे मुस्कराते हुए ही मिलेंगे।

- बाहरी दुनिया में कुछ भी होता रहे लेकिन दिलेर व्यक्ति अंदर से हमेशा शांत रहना जानते हैं।
- पूरे जोश और जज्बें के साथ काम करने वालों को कभी किसी सहारे की जरूरत नहीं पड़ती।
- मन में खुशहाल जिंदगी जीने का जुनून हो तो कोई भी कष्ट हमारे नजदीक नहीं आ सकता।
- हम जिंदगी में करिश्में सिर्फ उसी समय कर सकते हैं जब वक्त हमारे खिलाफ खड़ा होता है।
- अंदर से मजबूत लोगों को कोई भी व्यक्ति आसानी से हीन या बुरा महसूस नहीं करवा सकता।
- तन को स्वस्थ रखने से पहले हमें अपने मन को हर हाल में स्वस्थ बनाने की जरूरत होती है।
- अगर हमारा दिमाग शक्तिशाली बन जाए तो शरीर की ताकत खुद-ब-खुद ही बढ़ने लगती है।
- खुद को सबसे मजबूत और ताकतवर बनाने के लिए हमें कुछ कष्ट और दर्द तो सहने ही पड़ेंगे।
- जिंदगी की परेशानियां हमें इतना कष्ट नहीं देती जितना की हम उनको किस नजरिये से देखते हैं।
- किसी काम को हम कर सकते हैं या नहीं कर सकते यह हमारी मानसिक सोच पर निर्भर करता है।
- शक्तिशाली व्यक्ति मौके की तलाश नहीं करते वो तो हर मौके को देखते ही चौका मारना जानते हैं।
- हर इंसान को इतना साहसी तो जरूर होना चाहिए कि वो अपनी सभी कमियों को स्वीकार कर सकें।
- हमारी सफलता और असफलता केवल इस बात पर निर्भर करती है कि हमारे इरादे कितने मजबूत हैं।
- अपने करीबी लोगों की कामयाबी और खुशी में सिर्फ दिमागी तौर पर मजबूत लोग ही खुश हो सकते हैं।
- हमारी सोच फौजी अफसरों की तरह होनी चाहिए देश की बात आते ही जान देने को तैयार हो जाते हैं।

- शक्तिशाली सोच रखने वाले कभी भी असफलता से नहीं डरते वो उसे देर-सवेर हासिल कर ही लेते हैं।
- जिंदगी एक सफर से बढ़ कर कुछ नहीं है इसलिए हर पल के सफर का भरपूर मजा लेते रहना चाहिए।
- वर्तमान में जीने वाले लोग कभी भी बीते हुए समय की निराशा को अपने साथ बोझ बना कर नहीं चलते।
- अगर हमें गलती से भी कभी जानवर बनना पड़े तो हमारी सोच और व्यवहार 'शेर' की तरह होना चाहिए।
- जिस चीज से दुनिया वाले घबराते हो उसी काम को सफलतापूर्वक करना ही असली बहादुरी माना जाता है।
- हम चाहें तो अपनी भावनाओं को या तो फूलों की तरह नाजुक बना सकते या फिर चट्टान की तरह मजबूत।
- जब तक मजबूत मानसिकता न हो तो हम अपने जीवन में आगे बढ़ने के लिए बड़ा जोखिम नहीं उठा सकते।
- जीवन में अगर हीरो बनना चाहते हो तो देश के वीरों की तरह त्याग और बलिदान के लिए सदैव तैयार रहो।
- हर नाकामी की एक ही चीज़ दुश्मन होती है और वो है कि किसी काम को शुरू करने से पहले ही डर जाना।
- अपने बीते हुए कल को अच्छे से समझा दो कि वो हमारे आने वाले कल में किसी तरह की दखलअंदाजी न करें।
- अगर हम अपने दिमाग से डर को निकाल कर उसे मजबूत बना ले तो दुनिया के सारे काम आसान लगने लगते हैं।
- साधारण सोच वाले रास्ता ढूंढ़ते रहते हैं जबकि मजबूत एवं उत्साही सोच रखने वाले अपना रास्ता खुद बना लेते हैं।
- सफर में जो समय लगना है वो तो लगेगा ही परंतु जो धैर्यपर्वूक सफर करते हैं वो उसका भरपूर आनंद भी उठाते हैं।
- शिक्षा ग्रहण कर के हम सिर्फ रोजी-रोटी कमा सकते हैं परंतु आत्मविश्वास के दम पर हम अपना भाग्य बदल सकते हैं।
- जीवन की परेशानियों से जूझने की बजाए अगर उसका हल खोजने में थोड़ी मेहनत करें तो तनाव कभी नहीं हो सकता।

- उन लोगों से हमेशा प्रेरणा लेते रहना चाहिए जो जिंदगी के हर तुफान का साहसपूर्वक सामना करने की ताकत रखते हैं।
- हिमालय पर्वत पर जाने के लिए अभी तक कोई लिफ्ट नहीं बनी, हमें वहां छोटे-छोटे कदमों से पैदल ही जाना पड़ता है।
- बब्बर शेर की तरह जिंदगी जीना चाहते हो तो अपने मन से डर को मिटा कर सिर्फ हौसलों के दम पर मजबूत बनना सीखों।
- हार-जीत तो जीवन का हिस्सा है इस बात को समझते हुए मजबूत मानसिकता वाले व्यक्ति आसानी से हार नहीं मानते।
- मानसिक भावनाओं को काबू में रखना जरूरी होता है क्योंकि हमारा दिल और दिमाग इनसे बहुत जल्द प्रभावित हो जाता है।
- जब तक हम अंदर से मजबूत नहीं बन जाते उस समय तक जिंदगी के किसी भी लक्ष्य को हासिल करना नामुमकिन होता है।
- एक कमजोर दिमाग आम लोगों की बात ही करता है जबकि एक ताकतवर दिमाग दुनिया को बदलने के बारे में सोचता है।
- लक्ष्य को हासिल करने के लिए मेहनत के साथ धैर्य की भी जरूरत होती है यह काम सिर्फ मन से मजबूत लोग ही कर सकते हैं।
- आम आदमी जहां जल्दी हार मान लेता है वही मजबूत मानसिकता वाले आखिरी समय तक लक्ष्य को पाने की कोशिश करते रहते हैं।
- हर इंसान को अंदर से इतना मजबूत होना चाहिए कि वो न सिर्फ अपनी बल्कि दूसरों की भी चिंता और तनाव को खत्म कर सकें।
- जब तक हम खुद को अंदर से शक्तिशली नहीं बना पाते उस समय तक हम हर कदम पर किसी न किसी सहारे के मोहताज रहते हैं।
- घर-परिवार की बात हो या समाज में बदलाव की, नई शुरुआत वही इंसान कर सकता है जो मानसिक रूप से बहुत ताकतवर होते हैं।
- जिंदगी के सकारात्मक पहलू को समझने वाले जानते हैं कि जीवन की चुनौतियों से मुकाबला करना इतना भी अधिक कठिन नहीं होता।
- सदैव मजबूत बने रहने के लिए हमें अपनी जिम्मेदारियों को समझना और उन्हें निभाने का आखिरी समय तक प्रयास करते रहना चाहिए।
- शक्ति से अधिक इच्छाशक्ति पर विश्वास रखने वाले हर प्रकार के हालात में अपनी भावनाओं और व्यवहार को नियंत्रित रखने में सक्षम होते हैं।

- जिंदगी के बोझ को यदि कम करना है तो अपनी इच्छाओं को कम करना शुरू कर दो क्योंकि जिंदगी तो फूलों की तरह बहुत हल्की होती है।
- जिंदगी को मजेदार ढंग से जीने के लिए जो चीजें पसंद न हो उन्हें तुरंत बदल देना चाहिए अगर बदल नहीं सकते तो अपनी पसंद को बदल लो।
- उन लोगों से सदा ही बच कर रहना चाहिए जो हमें 'दौड़' में तो नहीं हरा सकते लेकिन मानसिक तौर पर 'तोड़' कर हराने की कोशिश करते रहते हैं।
- भीड़ के साथ तो कोई भी साधारण इंसान खड़ा हो सकता है परंतु साहसी व्यक्ति बिलकुल अकेले अपने सिद्धांतों के साथ खड़े होने की हिम्मत रखते हैं।
- अंदरूनी ताकत रखने वाले कभी भी जिंदगी को उलझने नहीं देते क्योंकि उन्हें मालूम है कि अगर यह उलझ गई तो फिर कमाल करना मुश्किल हो जाता है।
- दुनिया वाले तो हर राह पर अड़चनें पैदा करने की कोशिश करते हैं लेकिन मानसिक तौर से मजबूत इंसान सभी मुश्किलों को आसानी से पार कर सकता है।
- मानसिकता को मजबूत रखने वालों की एक खासयित यह भी होती है कि वो अपने प्रतिद्वंदियों से ईर्ष्या करने की बजाए उनसे प्रेरणा लेकर आगे बढ़ने की कोशिश करते हैं।
- किसी भी इंसान के जीवन में हमेशा सब कुछ उसकी मर्जी के मुताबिक नहीं हो सकता, इसलिए बेवजह की परेशानियों में उलझने की बजाए उन्हें सुलझाने की कोशिश करनी चाहिए।
- आजकल लोग बिना सोचे-समझें एक दूसरे पर झूठे इल्जाम लगा देते हैं लेकिन मानसिक रूप से मजबूत व्यक्ति ऐसी बातों की परवाह न करते हुए अपने जीवन की जंग लड़ते रहते हैं।

❖

..7..

सच्चाई को स्वीकार करो

कुछ लोगों का मानना है कि जिंदगी ऐसी अजीब पहेली है कि जिसे आज तक कोई नहीं समझ सका। परंतु बुद्धिमान लोग बताते हैं कि जीवन की सच्चाई को जानना है तो खुद एक बार उस तराजू में बैठ कर देखो जिस में हम दूसरों को तोलते हैं। खुशी-खुशी जिंदगी जीने के लिए सबसे पहले हमें यह भी स्वीकार करना होगा कि सुख-दुःख दोनों एक ही सिक्के के पहलू हैं। कोई इंसान किसी एक खास क्षेत्र में बहुत निपुण हो सकता है लेकिन यह जरूरी नहीं है कि वो हर प्रकार के काम अच्छे से कर पाएगा। हमने बेशक किसी भी स्तर की पढ़ाई की हो लेकिन कोई भी गुरु यह गारंटी नहीं दे सकता कि हम अपने जीवनकाल में कभी असफल नहीं होंगे। हमारे टीचर, गुरू, गाइड हमें सिर्फ राह दिखा सकते हैं। लेकिन उस पर हमें अकेले ही चल कर कठिनाईयों से जूझना पड़ता है। हम अपने कैरियर की शुरुआत किसी भी क्षेत्र में करें लेकिन एक ही दिन में सफलता पाना नामुमकिन होता है। इसलिए कहते हैं कि जब तक सच्चाई साफ तौर पर दिखाई न दें उस समय तक किसी भी चीज़ पर भरोसा करना ठीक नहीं होता। हमारे बुर्जुग लोग अक्सर कहा करते थे कि चाय का कप हमारे सामने पड़ा हो लेकिन फिर भी इस बात की गारंटी नहीं की जा सकती कि हम उसे पी ही लेंगे। जिंदगी की पहेलियों को आज तक कोई नहीं ठीक से समझ पाया, इसलिए हमें अपना हर कदम बहुत ही सोच समझ कर आगे बढ़ाना चाहिए। एक छोटी-सी भूल हमें अंधकार की ओर धकेल सकती है। इन सभी बातों पर विचार करने के बाद यह तो साफ हो जाता हैं कि हमें कभी भी अपनी किसी कमजोरी को अनदेखा नहीं करना चाहिए। आत्मविश्वासी लोग जो

कर्म और ज्ञान का सहारा ले कर आगे बढ़ते हैं वो अपनी कामयाबी का रास्ता ढूंढ ही लेते हैं।

- अहंकारी इंसान कोई भी खेल खेले, वो जीवन में कभी खुश नहीं रह सकता।
- मन की उलझनों को सुलझा लिया जाए तो हर राह आसान लगने लगती है।
- जो व्यक्ति ठोकरे खा कर चलना सीखते हैं उन्हें जमाना कभी नहीं हरा सकता।
- छोटे-छोटे कार्यों को प्यार से करते रहो, बड़ी चीजें खुद-ब-खुद आपके पास आ जाएगी।
- उपयोगी और खूबसूरत चीज़ों को छोड़ कर बाकी सभी कुछ बेकार का बोझ होता है।
- जीत कर मान-सम्मान मिलता है लेकिन 'हार' भी हमें बहुत कुछ नया सिखा जाती है।
- असफलताएं ही हमें हर बार मजबूत बना कर नई खोज करने के लिए प्रेरित करती है।
- जिंदगी तो हर इंसान को नचाती ही रहती है किसी को मजबूरी में तो किसी मशहूरी में।
- अपनी खुशियों की चाबी अपने दिमाग के अलावा कभी किसी दूसरे को नहीं देनी चाहिए।
- अपनी कमियों का जितना जल्दी और जितना अधिक मालूम हो उतना ही अच्छा होता है।
- आजकल जरूरत से ज्यादा अच्छा बनने पर लोग हमें कमजोर और मूर्ख समझने लगते हैं।
- कभी किसी मौके को हाथ से मत जाने दो वरना इसके बाद जिंदगी धोखे भी दे सकती है।
- आजकल के बच्चों को बच्चा समझने की भूल नहीं करनी चाहिए वो असल में हमारे बाप हैं।
- हर समय बेवजह किसी भी बात को ले कर चिंता करना भी किसी बीमारी से कम नहीं होता।

- दुनिया वाले सिर्फ बातों से एतबार नहीं करते, हमें अपने हर हुनर को साबित करना पड़ता है।
- दूसरों की जीत से दु:खी होने की बजाए हमें अपनी हार के कारणों पर अधिक ध्यान देना चाहिए।
- हम जिस इंसान को बदलना चाहते हैं उसे छोड़ कर सारी दुनिया को उसके बारे में बता देते हैं।
- बहाव नदी का हो या जमाने का, उसी के साथ चलने से जीवन जीना बहुत आसान हो जाता है।
- जिंदगी में हमें सिर्फ वही काम करने चाहिए जिनको करने के बाद किसी किस्म का पछतावा न हो।
- असफलता के डर से जो लोग कुछ नहीं करते वो सिर्फ भीड़ का हिस्सा बन कर जीवन गुजार देते हैं।
- अगर हम अपनी जुबान को काबू में नहीं रखते तो यह हमारे दिमाग को भटकाने में भी देर नहीं लगाती।
- दुनिया वाले तो धक्के देने के लिए हर समय तैयार रहते हैं आप सफल तैराक बनने का हुनर सीख लो।
- अगर हमारा एक प्रयास असफल हो जाता है तो उसे स्वीकार करो और दूसरे की कोशिश शुरू कर दो।
- जब तक जिंदगी है बड़े और हसीन सपने देखना मत छोड़ो क्योंकि सपने देखने पर कोई पाबंदी नहीं है।
- जो नसीब में नहीं होता वो रोने से भी नहीं मिलेगा इसलिए वेबजह दिमाग पर दबाव नहीं बनाना चाहिए।
- उन लोगों को सदैव याद रखना जिन्होंने कहा था कि तुम अपने जीवन में कुछ करने के काबिल नहीं हो।
- हर नई सुबह के साथ हमारा नया जन्म होता है हम उसमें क्या कर सकते हैं यह हम पर निर्भर करता है।
- जो कुछ पीछे छूट चुका है उसकी चिंता करनी छोड़ दो क्योंकि आगे बहुत कुछ खूबसूरत मिलने वाला है।
- हमारी राह में आने वाली समस्याएं हमारा रास्ता बंद नहीं करती वो सिर्फ 'स्पीड ब्रेक्रर' का काम करती है।

- वक्त बदलने में कई बार अधिक वक्त लग सकता है लेकिन यह बात पक्की है कि वक्त बदलता जरूर है।
- ठोकरो से गिरने वाले तो किसी न किसी तरह संभल ही जाते हैं नज़रों से गिरने वाले कभी नहीं उठ पाते।
- जरूरत से अधिक बनावट, सजावट और दिखावट के कारण हमारी मानसिकता में गिरावट बढ़ती जा रही है।
- हर दिन सिर्फ चंद मिनट अभ्यास कर के अपने दिल और दिमाग को सबसे अच्छा दोस्त बनाया जा सकता है।
- सकारात्मक सोच से ही सकारात्मक विचार आते है और सकारात्मक विचारों से ही जिंदगी में चमत्कार होते हैं।
- उतार–चढ़ाव तो हमारी जिंदगी का हिस्सा है इसलिए एक हार के कारण गम के समुद्र में तो नहीं डूब सकते।
- इंसान की मजबूरी तो देखो, खुश हो या न हो परंतु हर किसी के सामने खुश होने का दिखावा खूब करता है।
- हर इंसान की मंजिल और राह बिलकुल अलग होती है इसलिए उसे अपना हर रास्ता खुद ही बनाना पड़ता है।
- आज समाज में चारों ओर इतना झूठ फैल चुका है कि सच्चे इंसान को सांस लेना भी मुश्किल होता जा रहा है।
- अगर हम कभी हार भी जाते हैं तो हमें शर्मिंदा होने की जरूरत नहीं क्योंकि हम साधारण इंसान हैं भगवान नहीं।
- जिस चीज़ को दिल से चाहते हो उसके साथ भावनात्मक तरीके से जुड़ जाओं, फिर उसे पाने में देर नहीं लगेगी।
- हम चाहें खुद शरीफ हो या न हो लेकिन हम सभी यह चाहते हैं कि दूसरे सभी लोग हमारे साथ शराफत से पेश आए।
- आज के दौर में 'अच्छाई' भी एक सीमा तक ही करनी चाहिए वरना दुनिया वाले बेवकूफ समझने में देर नहीं लगाते।
- यह सच है कि कुछ दर्द सहने बहुत कठिन होते हैं लेकिन हर वक्त रो कर भी तो जिंदगी नहीं गुजारी जा सकती।
- आजकल के बच्चे सिर्फ समझाने से हमारी बात नहीं समझते वो सिर्फ वही करते हैं जो वो हमें करता हुए देखते हैं।

- अपनी किसी भी आदत या चीज़ को छोड़ना हो तो उसके लिए भी खुद को धीरे-धीरे उससे दूर होना शुरू कर दो।
- जब मन दु:खी हो तो आँसूओं का बह जाना ही ठीक होता है वरना यह हमारे अंदर बहुत बड़ी तबाही मचा सकते हैं।
- यह तो सभी कहते हैं कि जिंदगी कठोर होती है लेकिन यह कोई नहीं बताता कि यह कितनी अधिक कठोर होती है।
- जिंदगी को आसान ढंग से जीने का एक तरीका यह भी होता है कि उसके हर राज को चुपचाप स्वीकार करते जाओ।
- अगर हमें बेकार की परेशानियों से बचना हैं तो जब तक कोई चीज़ बहुत जरूरी न हो उसे कभी नहीं खरीदना चाहिए।
- दूसरों को अपनी मर्जी के मुताबिक बनाने से पहले हमें उनकी तरह बनना होगा, उसके बाद ही वो हमारी तरह बन पाएंगे।
- किसी भी इंसान को गलत साबित करने से पहले हमें इतनी पुष्टि जरूर कर लेनी चाहिए कि क्या हम बिलकुल सही हैं।
- कामयाब लोगों की तरक्की का सबसे बड़ा रहस्य यह होता हैं कि वो हर सच्चाई को खुशी से स्वीकार करना जानते हैं।
- जो व्यक्ति सबसे पहले खुद को एक नेक इंसान बनाने में कामयाब हो जाता है वो जिंदगी के हर क्षेत्र में सफल रहता है।
- आजकल लोगों को हमारी बात समझ आए या न आए लेकिन उन्हें अपने मतलब की बात बहुत जल्द समझ आ जाती है।
- खुद को कभी भी सुपर हीरो नहीं समझना चाहिए क्योंकि बहुत जल्द हम से बेहतर कोई न कोई 'हीरो' हमारे सामने होगा।
- हमारी हार हो या असफलता उसके लिए हम किसी दूसरे को दोषी नहीं ठहरा सकते, उसे स्वीकार करने में ही बुद्धिमत्ता होती है।
- जिंदगी की फिल्म भी बहुत अजीब है किसी को मालूम ही नहीं होता कि अगले पल उसे किस तरह का किरदार निभाना पड़ेगा।
- यह सच है कि इस दुनिया में कुछ भी मुश्किल नहीं है, लेकिन इसी बात को स्वीकार करना सब से अधिक मुश्किल होता है।
- कहते हैं कि आंसूओं का वैसे तो कोई वज़न नहीं होता लेकिन फिर भी न जाने उनके बह जाने से मन बहुत हल्का हो जाता है।

- आज का दिन बेशक कितना भी बेकार गुजरा हो उसे भूल जाओ क्योंकि कल सुबह फिर से एक शानदार दिन आने वाला है।
- आजकल के लोग अपनी टांगों का इस्तेमाल आगे बढ़ने की बजाए कम और दूसरों के मामलों में अड़ाने के लिए अधिक करते हैं।
- आज के दौर में रिश्ते निभाने के लिए हर समय मुंह बंद रखना पड़ता है क्योंकि एक सवाल करते ही कई रिश्ते टूटने लगते हैं।
- हम हमेशा सबसे बेहतर बन सकें, यह तो मुमकिन नहीं हो पाता, परंतु हमें सबसे बेहतर बनने का प्रयास जरूर करते रहना चाहिए।
- शारीरिक ताकत अगर थोड़ी कम भी हो चलेगा परंतु मानसिक तौर पर हमारे जोश और जज्बें में कभी कोई कमी नहीं आनी चाहिए।
- जिंदगी का जितना शुक्रिया अदा किया जाए वो कम है क्योंकि उसने इतना कुछ दिया हैं जिसकी हम ने कभी उम्मीद भी नहीं की थी।
- अपने हर लक्ष्य को हासिल करने के लिए जितनी जान लगा सकते हो लगा दो क्योंकि दुनिया हारने वाले को दोबारा मौका नहीं देती।
- कामयाबी के लिए दीवाने लोगों का कभी मज़ाक नहीं उड़ाना चाहिए क्योंकि हमें पता ही नहीं कि कल उन्हीं लोगों के नीचे काम करना पड़े।
- स्कूल में टीचर और आफिस में बॉस किस्मत वालों को ही अच्छे मिलते हैं, लेकिन यह जैसे भी हो उनके साथ प्यार से ही पेश आना पड़ता है।
- इस बात को स्वीकार करना होगा कि हम बेशक कितने भी कामयाब क्यूं न हो जाए लेकिन कल कोई न कोई हम से बेहतर इंसान आ ही जाएगा।
- एकाग्रता की कमी के चलते हमारे अधिकतर काम पूरे नहीं हो पाते क्योंकि चेतन और अवचेतन मन के विचार मिल कर भटकाव पैदा करने लगते हैं।
- जिंदगी के साथ बहुत संभल कर हिसाब-किताब करना चाहिए क्योंकि जब यह देती है तो कोई एहसान नहीं करती और जब लेती है तो फिर लिहाज भी नहीं करतो।
- अगर किसी चीज़ में अनजान होने के कारण हम से कोई भूल हो जाती है तो वो ठीक है, लेकिन उस कार्य को समझने के बाद भी हम फिर वही गलती करते हैं तो उसकी सारी जिम्मेदारी हमारी ही बनती है।

❖

..5..

जिंदादिल इंसान बनों

जिंदादिल इंसान बन कर जीने की बात शुरू करने से पहले एक खास बात को समझते हैं कि 'जिंदगी जिंदा-दिली का नाम हैं, मुर्दा-दिल क्या खाक जीया करते हैं।' यह बात सदियों पहले भी सच थी आज भी इसे झुठलाया नहीं जा सकता। जो भी व्यक्ति इस दुनिया में जन्म लेता है उसे एक न एक दिन इसे छोड़ कर वापिस भी जाना होता है। ऐसे में अगर हम आम आदमी से हट कर सोचें तो जिंदगी को आसानी से खुशहाल बनाया जा सकता हैं। जिंदगी जीते हुए हर आदमी कुछ अनूठे कार्य करने की कोशिश करता है। जिससे वो जीते जी तो लोगो का दिल जीत सकें बल्कि दुनिया को अलविदा कहने के बाद भी जिंदा रह पाए। लेकिन हर कोई इतना खुशनसीब नहीं होता कि वो अपने मकसद में कामयाब हो कर अपना अलग व्यक्तित्व बना सकें। जिंदगी एक ऐसी जंग है जहा हमें हर दिन उसके साथ समझौता करने के साथ बहुत सारे लोगों की गलतियों को भी अनदेखा करना पड़ता है। लेकिन यहां हमें एक बात कभी नहीं भूलनी चाहिए कि कभी भी समझौता इस हद तक न किया जाए कि बाकी की जिंदगी मरते हुए या रो कर जीनी पड़े। इसी के साथ समझौतें के लिए इतना भी मत झुकों कि हम उठने के काबिल ही न रहे। हमारे देश के महशूर फिल्म स्टार ऋषि कपूर जो कुछ समय पहले तक कैंसर से जुझ रहे थे वो अपने आखिरी वक्त तक परिवार, डॉक्टर और अस्पताल के स्टाफ का खुशी से मनोरंजन करते रहे। ऋषि जी, चाहे कितनी भी तकलीफ में क्यूं न रहे हों लेकिन वो न तो कभी अपने दोस्तों से और न ही परिवार वालों से दूर रहे। सबसे मजे की बात तो यह हैं कि वो हर दिन अपनी पसंद का खाना भी खाते रहे। उनकी

दृढ़ इच्छाशक्ति इतनी मजबूत थी कि लंबे समय तक इलाज करवाते हुए भी जिंदादिल बने रहे। ऐसी महान हस्तियां सच में हमेशा के लिए प्रेरणास्त्रोत बन कर लोगों के दिलों में जिंदा रहती है। जिंदादिल इंसान बन कर जीना कोई कठिन काम नहीं हैं। इस अध्याय के सुविचारों पर गहराई से चिंतन करने के बाद हम इतना ही कह सकते हैं कि चिंता और तनाव को भूल कर जिंदादिल इंसान बनों।

- हर हाल में खुश रहने वाले अपने शौक को सदैव जिंदा रखते हैं।
- हमारी जिंदगी हमारे साहस के मुताबिक ही छोटी या बड़ी बनती है।
- पैसा कमा कर जीवन गुजारने से आगे भी एक खूबसूरत जिंदगी होती है।
- जिंदगी के बारे में हम जितना जानते हैं असल में यह उससे बहुत छोटी है।
- जिंदगी को खुशहाल बनाने के लिए उसे समझने के साथ लड़ना भी पड़ता है।
- आलोचनाओं से डर कर भागने वाले कामयाबी के शिखर को कभी नहीं छू सकते।
- जीवन में बहुत सारे कष्ट सिर्फ गलत लोगों से उम्मीद रखने के कारण मिलते हैं।
- जिंदगी कैसे गुजरती है और कैसे गुजारी जाती है इसमें बहुत बड़ा फर्क होता है।
- जिंदगी का आनंद लेने के लिए कभी-कभी थोड़ी-सी नादानी भी अच्छी लगती है।
- किसी भी इंसान को देख कर सिर्फ एक 'स्माईल' देना भी तोहफे से कम नहीं होता।
- 'रोना' तो हर आदमी पैदा होते ही सीख लेता है हंसना सीखना थोड़ा कठिन होता है।
- हमारी कल्पनाशक्ति ही हमारे सपनों को सच करने में सबसे बड़ी मदद कर सकती है।

- हर दिन खुद को बेहतर बनाने की चुनौती देने वाले हमेशा दूसरों से बहुत आगे रहते हैं।
- जिंदादिली से जिंदगी गुजारने के लिए जीवन में कभी भी सीखना नहीं छोड़ना चाहिए।
- जिंदगी की हर समस्या का हल मिल सकता है बस समय को थोड़ा समय देना पड़ता है।
- जिंदगी कभी खत्म नहीं होती, हर नए दिन के साथ शानदार शुरुआत की जा सकती है।
- खुद पर विश्वास हो तो हमें दुनिया की कोई भी ताकत कामयाब होने से नहीं रोक सकती।
- हमेशा कुछ पाने से ही खुशी नहीं मिलती कई बार कुछ छोड़ने से अधिक आनंद मिलता है।
- समय तो रंग बदलता ही रहता है परंतु मुस्कराने वालों का सफर आसानी से कट जाता है।
- खुशहाल जिंदगी जीने के लिए पैसा नहीं बड़ा दिल और बड़ी सोच का होना जरूरी होता है।
- आप अपना सारा समय को शौक पूरा करने में जुट जाओ जिंदगी तो अपने आप पूरी होती रहेगी।
- यह जिंदगी सिर्फ हमारी अपनी नहीं हैं, हमारे अपनों की भी है इसलिए हमेशा हंस कर जीओ।
- एक बात सदा याद रखना कि आप आने वाले समय में बहुत गज़ब के कारनामे कर सकते हो।
- बहुत सारी बातों को सीखने या सिखाने की जरूरत नहीं होती सिर्फ उनसे अनुभव लेना चाहिए।
- कल हमारे साथ क्या होने वाला है यह न तो हम जानते हैं और न ही कोई हमें बता सकता है।
- जिंदगी हर किसी को देती तो बहुत कुछ है पर हमें वही याद रहता है जो अभी तक नहीं मिला।

- खुश रहना है जो सुकून के साथ जीना सीखों, जरूरतें और ख्वाहिशें तो सारी उम्र पूरी नहीं होती।
- आज एक नया दिन है, एक नई शुरुआत आज से जिंदगी बदलेगी और सब कुछ अच्छा ही होगा।
- सकारात्मक विचारों को अपनाने से पहले हमें अपने दिमाग में उन्हें थोड़ी-सी जगह देनी पड़ती है।
- कई बार हमें सारी उम्र मालूम ही नहीं पड़ता कि हमारे अंदर कभी न हारने वाली अनूठी ताकत है।
- उम्र के साथ तन की परेशानियां तो बढ़ती ही है मन को जवां रखने वाले ही जिंदादिल कहलाते हैं।
- जब तक हम खुद को अच्छे से नहीं खोज लेते हम दुनिया की कोई भी नई चीज नहीं खोज पाएंगे।
- कुछ लोग इतिहास पढ़ते हैं, कुछ पढ़ाते हैं आप इस तरह से जीवन जीयो कि वो इतिहास बन जाए।
- जिंदगी के उतार-चढ़ाव ही सिखाते हैं ठोकरें सहना, वरना जन्म से तो हर कोई बादशाह ही होता है।
- जिंदगी का मज़ा जिंदादिल वाले ही उठा पाते हैं, जो हर गम को भुला कर सदा ही मुस्कराहते हैं।
- दिल और दिमाग के साथ प्यार एवं दोस्ती करने वाले जानते हैं कि इस दुनिया में सब कुछ संभव है।
- जीवन से निराश होने वाले लोग बुजदिल कहलाते हैं, जिंदा हो तो फिर जमाने को जिंदादिल दिखों।
- हर दिन नई इच्छाओं को पालने से पहले हमें उन चीजों को संभाल लेना चाहिए जो प्रभु ने हमें दी हैं।
- जब तक मन में आस्था होती हैं उस समय तक उलझनों के बीच में से भी अनेक रास्ते निकल आते हैं।
- जिंदगी के बड़े से बड़े लक्ष्य को हासिल करने का एक ही रहस्य है कि जल्द से आगे बढ़ना शुरू करो।

- दूसरे लोगों से हट कर कुछ भी नया करने के लिए हमें सबसे पहले अपनी सोच को बदल लेना चाहिए।
- अपनी खुशियों को कभी भी छोटा मत समझना क्योंकि बहुत खुशनसीब होते हैं जिन्हें यह नसीब होती है।
- अगर लोग निंदा करते हैं तो करने दो क्योंकि निंदा उसी की होती है जो इंसान जिंदादिली से जीते हैं।
- महान लोग कभी भी हालात के मुताबिक नहीं बनते वो हालात को अपनी इच्छा अनुसार ढ़ालना जानते हैं।
- जब तक हम लोगों की बातों के बारे में सोचते रहेंगे उस समय तक हमें चैन और सुकून नहीं मिल सकता।
- जिंदादिल इंसान एक दिन में कई बार ऐसे काम कर जाते हैं कि जमाना सदियों तक उन्हें याद रखता है।
- रोजमर्रा की जिंदगी में बहुत सारी ऐसी बातों को भी अनुभव करना चाहिए जो अभी तक बोली ही न गई हो।
- अगर हम अपनी बेकार की इच्छाओं को मिटाना सीख लें तो फिर जिंदगी को आसानी से जीया जा सकता है।
- जब तक अंदुरूनी जिंदगी को नहीं सुलझा लेते उस समय तक हम बाहर की समस्याओं को नहीं सुलझा सकते।
- जितनी तेजी से हम गिरते हैं अगर उतनी ही तेजी से उठने की ठान लें तो जिंदगी में कभी असफल नहीं होंगे।
- अपनों से कभी भी झगड़ा नहीं करना चाहिए क्योंकि जिस वक्त हम जीत गये उसी समय बहुत कुछ हार जाएंगे।
- भगवान हमें जिंदगी जीने के लिए देते हैं और हम में से अधिकतर लोग उसे बेकार की बातों में ही गुजार देते हैं।
- जब कभी भी कोई नया काम शुरू करो तो पुरानी सभी असफलताओं को भूल कर नए अनुभव के साथ आगे बढ़ों।
- अगर हम 'आस और उम्मीद' को सदा अपने साथ रखें तो फिर इस दुनिया में कुछ भी कर पाना असंभव नहीं होता। जो लोग कम से कम

बोल कर अधिक से अधिक सुनने का स्वभाव रखते हैं उन्हें जीवन में कभी परेशानी नहीं होती।

- हमारा दिल तो दिल ही होता है कुछ लोग इसे आईने की तरह संभाल कर रखते हैं तो कुछ इसे पत्थर बना देते हैं।
- जिंदादिल लोगों के हर फैसलें में दम होता हैं वो जो भी फैसला करते हैं वो आने वाले कल को भी मानना पड़ता है।
- जिंदादिल लोग हमेशा इसलिए खुश रहते हैं क्योंकि वो जानते हैं कि टूटे हुए सपने और रूठे हुए अपने बहुत दर्द देते हैं।
- हमें हर दिन, हर पल खुश रहने की कोशिश करनी चाहिए, खुशी पाने के लिए किसी कारण को ढूंढना जरूरी नहीं होता।
- एक दूसरे को खुश करने के लिए हमें एक दूसरे जैसा बनना जरूरी नहीं होता बल्कि एक दूसरे का होना आवश्यक होता है।
- रचनात्मक विचारों की यह खासयित होती है कि इन्हें जितना इस्तेमाल किया जाए यह उतनी ही तेजी से और आते रहते हैं।
- जिंदगी को दमदार, शानदार बनाने के लिए फैसलें लेने की हिम्मत होनी चाहिए ठीक तो इन्हें बाद में भी किया जा सकता है।
- अगर हमारे पास काफी सारा पैसा और ज्ञान हैं तो हमारा सबसे पहला फर्ज यह बनता है कि हम दूसरों को खुश रखने का प्रयास करें।
- अक्सर लोग कहते हैं कि जिंदगी एक बार ही मिलती है जबकि सच यह है कि जिंदगी तो हर दिन मिलती है मौत सिर्फ एक बार मिलती है।
- जिस चीज को पाने से आपको लगता है कि खुशी मिलेगी उसे पाने का प्रयास करो, आपका अवेचतन मन आपको वो दिला कर ही रहेगा।
- जिस व्यक्ति के पास बदला लेना की ताकत हो और वो फिर भी सामने वाले को माफ कर दे, उससे महान इंसान दूसरा कोई नहीं हो सकता।
- वो लोग हमेशा खुश रहते हैं जो अपने बचपन को याद रखते हैं क्योंकि बचपन में न कुछ जरूरत होती है और न ही कुछ जरूरी होता है।

- अगर कोई काम करते समय हम से किसी प्रकार की कोई गलती हो जाती है तो उसे तुरंत स्वीकार कर के उसमें सुधार के प्रयास करने चाहिए।
- हमें अपने व्यक्तित्व में कुछ ऐसा आकर्षण जरूर पैदा करने की कोशिश करनी चाहिए ताकि हर किसी की नज़र हम पर ही आ कर रूक जाए।
- दुष्ट व्यक्ति से सदा ही बच कर रहना चाहिए क्योंकि कहते हैं कि सांप तो केवल एक बार ही काटता है यह तो हर पल धोखा दे सकता है।
- जिंदगी के मिज़ाज को समझना भी आसान नहीं होता जब कभी आनंद लेने का मौका आता है तो उसी समय गम देने का कोई न कोई बहाना ढूंढ लेती है।
- उम्र में कोई छोटा हो या बड़ा उससे कोई फर्क नहीं पड़ता। असल में सबसे बड़ा इंसान तो वही है जो खुद खुश रहते हुए दूसरों को खुश रखना जानता है।
- कुछ लोग जिंदगी के बारे में जरूरत से अधिक सोचते रहते हैं। यहां तक कि वो यह भी भूल जाते हैं कि जिस ने जिंदगी दी है उसने भी तो कुछ हमारे बारे में सोचा होगा।

❖

..6..

हुनर (टैलेंट) से सब कुछ संभव है

टैलेंट, हुनर, प्रतिभा के बारे में जानने से पहले यह समझना जरूरी है कि प्रतिभा या टैलेंट क्या होता है? प्रतिभाशाली लोग कैसे और कौन होते हैं? उन्हें कैसे पहचाना जा सकता है? क्या प्रतिभा प्रभु का दिया हुआ जन्मजात तोहफा होता है या इसे कोई भी अपनी क्षमतानुसार विकसित कर सकता है। विचारक लोग मानते हैं कि प्रतिभा वो मानसिक ताकत या हुनर होता है जिसकी बदौलत बिना खास प्रयास किये कोई भी व्यक्ति दूसरों से बहुत जल्द आगे बढ़ जाता है। यह गीत-संगीत, डांस, विज्ञान, कला, खेल, लेखन आदि किसी भी क्षेत्र में हो सकती है। घर में बिजली ठीक करने वाला मिस्त्री हो, कार-स्कूटर का मैकेनिक हो या शहर का सबसे महशूर डॉक्टर। हर किसी के पास अपने किस्म का अलग हुनर होता है। इतना ही नहीं एक पत्नी अपने पति से महीने के खर्च के लिए 10,000 रूपये लेकर जब 12,000 के खर्चे का हिसाब देती है तो वो भी किसी हुनर से कम नहीं होता। इस उदाहरण से यह तो समझ आ गया कि हर इंसान में कोई न कोई हुनर जरूर होता है जो लोग उसे निखारने में कामयाब हो जाते हैं उनके बारे में सारी दुनिया में छप जाता हैं और बाकी लोगों का उम्र भर छिपा रह जाता है। यहां प्रश्न यह उठता हैं कि अपनी इस प्रतिभा, कौशल, हुनर को पहचाने कैसे? अपनी प्रतिभा की क्षमता को पहचानने का आसान तरीका यही हैं कि पहले हम यह देखें कि हम किस काम को सबसे ज्यादा प्यार करते हैं। क्या उस काम को करते समय हम बाकी सारी दुनिया को भूल जाते हैं। अगर ऐसा है तो हमें यह समझ लेना चाहिए कि यही हमारा टैलेंट है। हमारी प्रतिभा से जुड़ी कभी कहीं कोई बात होगी तो हम सभी

दूसरे काम छोड़ कर उसके बारे में जानकारी लेना चाहेंगे। यहां कुदरत भी हमें इस तरह से सहयोग करती है और हमें ऐसे लोगों से मिलवा देती हैं जो इस क्षेत्र में विशेषज्ञ होते हैं। टैलेंट के बारे में यह भी कहा जाता हैं कि यह किसी सहारे का मोहताज नहीं होता। वो समय के साथ तेजी से अपनी राह खुद ही बना लेता हैं। हमारी प्रतिभा हमें मान-सम्मान तो दिलाती है लेकिन उस ओहदे को बनाऐ रखने के लिए बहुत सारे त्याग एवं कष्ट भी सहने पड़ते हैं। अपने हुनर को जान कर तो बहुत सारे लोग दुनिया में अपनी पहचान बना लेते हैं। परंतु इस दुनिया में बहुत कम ऐसे लोग होते हैं जो दूसरों की प्रतिभा को पहचान कर उन्हें भी आगे बढ़ने में मदद करते हैं। दोस्तो, इस अध्याय में हम ने आपके टैलेंट को निखारने और संवारने के साथ अपनी प्रतिभा भी दिखाने की कोशिश की हैं। अब आप मौका मिलते ही अपने कौशल, हुनर को जमाने के सामने लाने की कोशिश करें। इस काम को और आसान करने के लिए हम कुछ खास टिप्स भी आपके साथ शेयर कर रहे हैं। हमारी आप सभी के लिए यही दुआ कि आपके टैलेंट से आपकी ऐसी पहचान बनें ताकि अपने जीवन में जो कुछ आप बनना चाहते हैं वो सब संभव हो पाए।

- हुनरमंद व्यक्ति को हर क्षेत्र में मान-सम्मान मिलता है।
- जब तक हम जीत कर नहीं दिखाते जमाना हमें स्वीकार नहीं करेगा।
- कामयाबी की सबसे पहली सीढ़ी है खुद पर पूर्ण रूप से विश्वास रखो।
- लगातार अभ्यास कर के साधारण इंसान भी प्रतिभा संपन्न बन सकते हैं।
- असल सपने तभी पूरे हो पाते हैं जब हमारी नींद हम से दूर हो जाती है।
- प्रतिभा छोटी हो या बड़ी हम अगर चाहें तो उसे निपुणता में बदल सकते हैं।
- कभी भी किसी को इतना हक मत दो कि वो हमारे सिर पर चढ़ कर नाचने लगे।
- जरूरत से अधिक सोचने वाले अपने हुनर का भी ठीक से इस्तेमाल नहीं कर पाते।
- सब से अधिक प्रतिभाशाली लोग अपना हुनर दूसरे के कंधों पर रख

कर संवारते हैं।

- जो कुछ हमारे पास नहीं हैं उसे भूल कर खुश रहना भी बहुत बड़ा हुनर कहलाता है।
- हर वक्त अपने टैलेंट को निखारने वालों को कभी भी पैसे के पीछे नहीं भागना पड़ता।
- हमें क्या करना है, क्या बनना है, दूसरों से दूर हो कर ही हम खुद को जीत सकते हैं।
- हुनर का पूरा लाभ तभी मिल पाता है जब हमारा आत्मविश्वास और इच्छाशक्ति साथ हो।
- हमें अपने काम की ऐसी पहचान बनानी चाहिए कि दुनिया वाले उसे सदियों तक याद रखें।
- सिर्फ सपने देखने से कोई हीरो नहीं बन पाता, हीरो बनना है तो संघर्ष तो करना ही पड़ेगा।
- दुनिया वाले हमें बेशक कुछ भी समझते रहे हम बिलकुल चुप रह कर भी बाजी जीत सकते हैं।
- बार-बार सफल होने के लिए अपने गुणों और हुनर को तेजी से लगातार निखारना पड़ता है।
- हमारे जीवन का एक ही लक्ष्य होना चाहिए कि हम आखिरी पल तक लगातार नेक काम करेंगे।
- कामयाब कारोबारी अपना सारा ध्यान अहंकार बढ़ाने की बजाए सिर्फ व्यापार बढ़ाने में लगाते हैं।
- अपनी प्रतिभा को निखारने के लिए हमें समय-समय पर दूसरों की प्रतिक्रिया लेते रहना चाहिए।
- जुनून की असली आग तो अंदर से ही जलती है, बाहर तो सिर्फ किस्से कहानियां ही मिलती है।
- झूठ भी कितनी अजीब चीज है सारी दुनिया में कोई नहीं बोलना चाहता फिर भी सभी बोलते हैं।

- आजकल के कुछ युवा मोबाइल फोन के इस्तेमाल और उसे चार्ज करने को ही हुनर समझ बैठे हैं।
- बुद्धिमान व्यक्ति ज्ञान के साथ यह भी जानते हैं कि किस के सामने और किस समय मूर्ख दिखना है।
- जिस व्यक्ति के पास हुनर, अभिलाषा और नेतृत्व करने की क्षमता हैं उसके लिए सब कुछ मुमकिन हैं।
- अपनी नाकामी के लिए दूसरों को जिम्मेदार ठहराने का सीधा-सा मतलब होता हैं खुद को धोखा देना।
- रोजी-रोटी दूसरों के साथ मिल कर कमानी पड़ती है जबकि हुनर अकेले में ही निखारा जा सकता है।
- अगर हम अपनी योजना मुताबिक जिंदगी को नहीं चलाते तो जिंदगी हमें अपने हिसाब से चलाने लगेगी।
- कई लोग काम की बात करें या न करें लेकिन बेकार की बकवास करने में उनसे कोई नहीं जीत सकता।
- इस दुनिया में एक दिन हर चीज खत्म हो जाती है बस अच्छे इंसान की अच्छाइयां हमेशा जिंदा रहती है।
- जो कुछ हमारे पास हैं उस की कद्र करते हुए अपने कौशल को निखारना भी किसी कला से कम नहीं होता।
- अपने मन से यदि बेवजह के डर को मिटा दिया जाए तो मानसिक तनाव हमारे नजदीक भी नहीं आ सकता।
- चादर से ज्यादा पैर पसारने से सदा ही बचना चाहिए वरना बहुत जल्द हाथ पसारने की नौबत आ सकती है।
- सफलता की राह पर सफर शुरू करने के बाद राह बदलने से फायदे की जगह नुकसान अधिक हो सकता है।
- जो लोग हमारे काम की कद्र करना नहीं जानते वो अक्सर हमारी बुराई कर के अपनी भड़ास निकाल लेते हैं।
- कोई भी प्रतिभा अपने आप नहीं बढ़ती उसे लगातार बढ़ाने के लिए हमें कड़े प्रयास करने की जरूरत होती है।

- आम लोग कहते हैं कि एक दिन अपना टाइम भी आऐगा और हुनरमंद लोग अपना टाइम खुद ले कर आते हैं।
- सबसे बड़े सरकारी ओहदे पर काम करने से हम अपने साथ लाखों की जिंदगी को आसानी से बदल सकते हैं।
- कुछ लोगों के पास शक्ति तो बहुत होती है लेकिन वो सारी उम्र उसका ठीक ढंग से इस्तेमाल नहीं कर पाते।
- हमारे कौशल को सिर्फ हमारा अवचेतन मन जानता है और वही उसे निखार कर दुनिया के सामने ला सकता है।
- जिनके अंदर कुछ अनूठी प्रतिभा होती है उन्हें घड़ी की जरूरत नहीं पड़ती उनका जुनून ही उन्हें जगाए रखता है।
- पीठ पीछे बात करने वालों की कभी परवाह नहीं करनी चाहिए क्योंकि वो कभी भी हम से आगे नहीं निकल पाएंगे।
- दुनिया वाले बेशक कुछ भी कहते रहे लेकिन हार मानने से पहले एक बार आखिरी कोशिश जरूर कर लेनी चाहिए।
- जब लक्ष्य के अलावा सब कुछ भूलने लगे तो समझना चाहिए कि हम कामयाबी की तरफ ठीक तरीके से बढ़ रहे हैं।
- हर दिन अपने काम में निपुणता लाने के साथ उसकी गति को भी बढ़ाने की कोशिश करने से ही करिश्में हो पाते हैं।
- हमें अपना हुनर इस हद तक निखारना चाहिए ताकि जमाने वाले कहें कि इससे बेहतर कुछ और हो ही नहीं सकता।
- अगर हम आज तक अपने हुनर को पहचान नहीं पाए उस का यह मतलब नहीं होता कि हमारे अंदर हुनर है ही नहीं।
- कई लोग मेहनत से काम करने की तैयारी करें या न करें लेकिन गहरी नींद में सोने के लिए हर समय तैयार रहते हैं।
- अपनी गलतियों में सिर्फ वही लोग सुधार कर पाते हैं जो हर प्रकार की चुनौतियों को स्वीकार करने की हिम्मत रखते हैं।
- झूठ की एक खास बात यह है कि खुद बोलो तो बहुत अच्छा लगता है अगर दूसरा हमारे सामने बोले तो बुरा लगता है।

- सबसे बड़ी सफलता बहुत सारी पुस्तके पढ़ने से नहीं बल्कि एक अच्छी पुस्तक को बार-बार पढ़ने पर ही मिल सकती है।
- जो भी व्यक्ति हमारे साथ काम कर रहा है उसके साथ इतना अच्छा व्यवहार करो कि वो कभी भी हमें छोड़ कर दूर न जा सकें।
- जिन के अंदर कुछ कर गुजरने का जुनून होता है उन्हें किसी को अपने हुनर का सबूत दिखाने की जरूरत नहीं पड़ती।
- प्रभु ने हर व्यक्ति को कोई न कोई प्रतिभा जरूर दी है हमें तो बस उसे निखारने और संवारने का प्रयास करते रहना चाहिए।
- अपनी योग्यता के दम पर हम कोई भी ओहदा हासिल कर सकते हैं लेकिन अपने औहदे के दम पर योग्यता नहीं पा सकते।
- कुदरत ने जिंदगी के हर पहलू को बहुत ही खूबसूरत बनाया है लेकिन अफसोस हर कोई यह सब कुछ नहीं देख सकता।
- असफलता के कारणों को ध्यान से देखा जाए तो हम बहुत सारी बातों को समझने से पहले ही दूसरों को समझाने लगते हैं।
- कुछ लोगों के पास हुनर तो बहुत सारे होते हैं लेकिन वो इतने गहरे छिपे होते हैं कि वो खुद भी उन्हें सारी उम्र ढूंढ़ नहीं पाते।
- कोई भी व्यक्ति करिश्मा कर सकता है वो बात अलग है कि कुछ लोग करिश्में करते नहीं और कुछ इस में विश्वास नहीं रखते।
- अपने जीवन का लक्ष्य सदैव ऐसा बनाओं जो आपको सुबह जल्दी उठने के लिए और रात को देर तक जागने के लिए मजबूर कर दे।
- 'वाह क्या बात है' जब तक लोग हमारे लिए यह बात नहीं बोलते तो समझों अभी हमारे हुनर को और अधिक निखारने की जरूरत है।
- खास किस्म के हुनर का तोहफा नसीब वालों को मिलता है इसके बावजूद भी कुछ लोग उसे इस्तेमाल किये बिना ही बेकार कर देते हैं।
- हर दिन कुछ नया सीखने वालों के पास कोई खास गुण हो या न हो लेकिन वो अपने अंदर बहुत ही खास प्रतिभा पैदा कर सकते हैं।
- हमारे पास कोई खास प्रतिभा है या नहीं इससे अधिक महत्त्वपूर्ण यह हैं कि हमारे अंदर कुछ नया करने की उत्सुकता जरूर होनी चाहिए।

- खास किस्म की प्रतिभा रखने वालों के पास चाहें कितने भी गुण क्यूं न हो लेकिन वो फिर भी नए-नए कौशल का विकास करते रहते हैं।
- लाखों-करोड़ों रूपये होने के बावजूद भी दोस्तों के सामने खुद को भूखा, मजबूर और लाचार दिखाना भी कोई कम हुनर का काम नहीं होता।
- सबसे प्रतिभावान व्यक्ति को यह मालूम होता है कि किस काम में किस तरह की गलतियां हो सकती है और उन से कैसे बचा जा सकता है।
- कुछ लोगों के अंदर टैलेंट तो कूट-कूट के भरा होता है लेकिन कूटते समय वो इतना बारीक हो जाता है कि किसी को दिखाई ही नहीं देता।
- हमारे पास बेशक कितने भी गुण क्यूं न हो परंतु अगर हम अपने परिवार और समाज की जरूरतें ठीक से पूरी नहीं कर सकते तो वो सब बेकार है।
- हमारी सफलता-असफलता इस बात पर निर्भर नहीं करती कि हम कितने पढ़े-लिखे हैं, बल्कि यह तो हमारी सोच और विचारों से ही हमें मिलती है।
- कई बार हम अथक प्रयास कर के भी अपने लक्ष्य तक नहीं पहुंच पाते, ऐसे में लक्ष्य बदलने की बजाए हमें अपने प्रयासों में बदलाव कर लेना चाहिए।
- जो लोग यह सोचते हैं कि उनके पास किसी किस्म का कोई हुनर नहीं है तो उन्हें यह नहीं भूलना चाहिए कि जीवन जीना भी किसी हुनर से कम नहीं होता।
- जो लोग हमारे साथ काम करते हैं उनकी कद्र करो क्योंकि वो साधारण लोग नहीं हैं। उनका हमारे सपनों को हकीकत में बदलने के लिए बहुत बड़ा योगदान होता है।
- कुछ सैल्समैन के पास ऐसे गुण होते हैं कि वो लोगों से पैसे ले कर न सिर्फ उन्हें नर्क भेजने के लिए तैयार कर लेते हैं बल्कि लोग खुशी-खुशी वहां जाने का इंतजार भी करने लगते हैं।

❖

..7..

जब तक जीवन हैं, तब तक संघर्ष है

जब तक जीवन है, तब तक संघर्ष है, क्या यह बात सच है? जी हाँ, जैसे ही हमारा जन्म होता है हमारी जिंदगी के साथ जंग शुरू हो जाती है। जब तक बच्चा माँ के गर्भ में होता है तो उसे खाने-पीने, अपनी सुरक्षा की कोई चिंता नहीं होती। लेकिन जन्म लेते ही वो रोना शुरू कर देता है। उसे डर सताने लगता है कि अब उसकी हिफाज़त कौन करेगा। बात जंग की हो या जिंदगी की, लड़ना तो पड़ेगा। इंसान हो या जानवर हर किसी को अपनी जिंदगी के लिए संघर्ष करना पड़ता है। हिरन सारा दिन जान बचाने के दौड़ता है तो शेर जंगल का राजा होते हुए भी अपनी भूख मिटाने के भागता रहता है। जिंदगी जीना हमें इसलिए भी थोड़ा मुश्किल लगता है क्योंकि हम अपने गुणों, काबिलीयत को ठीक से नहीं पहचानते। हम अपने शरीर को तो स्वस्थ बना लेते हैं। परंतु कभी भी मानसिकता को मजबूत बनाने का प्रयास नहीं करते। अब हम बात करेंगे कि जिंदगी के संघर्ष को कम कैसे किया जा सकता है। एक आम आदमी और फौजी की मानसिकता को देखें तो समझ आता है कि साधारण इंसान रोजमर्रा की छोटी-मोटी परेशानियों से ही घबराता है जब कि एक फौजी हर समय मरने और मारने के लिए तैयार रहता है। हमें जीवन में सबसे बड़ी मुश्किल सिर्फ इसलिए आती है कि हम हर काम के लिए किसी सहारे की तलाश में रहते हैं। जबकि असल जिंदगी में हमारे करीबी दोस्त मुंह पर तो कहते हैं कि खुश रहो, लेकिन मज़ाल है कि कोई एक दिन भी हमें खुश रहने दें। दोस्तों, आज के दौर में बहुत सावधान हो कर चलने की जरूरत होती है क्योंकि जरूरते बदलते ही लोगों के रंग-ढंग और बात करने का तरीका बदल जाता हैं। जीवन में संघर्ष

तभी तक हमें परेशान करता है जब तक हम इससे लड़ने के तौर-तरीकों को ठीक से नहीं समझ पाते। जिंदगी की जंग को जीतने के हमारे कदम बेशक कितने भी छोटे क्यूं न हो लेकिन वो हमेशा आगे की तरफ ही बढ़ने चाहिए। हर क्षेत्र में सफल होना है तो हमें डर और हार मानने की आदत को सदा के लिए छोड़ना होगा। कुदरत के नियमानुसार हर चीज़ बदलती रहती है तो फिर हम एक जगह पर क्यूं रूके रहे। कल जो गुजर चुका है और कल जो आने वाला है उसका तो हम कुछ नहीं कर सकते, इसलिए जो कुछ करना चाहते हो वो आज ही करना होगा। अगर हमारे सपने बड़े हैं तो वो जल्दी से हाथ नहीं आने वाले, उसके लिए बहुत तेजी से उनके पीछे भागना पड़ेगा। जो इंसान दिल से इस सच्चाई को स्वीकार कर लेते हैं उन्हें जीवन के संघर्ष में चुनौतियां नहीं बल्कि कामयाबी के सुनहरे मौके दिखाई देने लगते हैं। इन बातों के अलावा नीचे लिखे हुए कुछ मूल्यवान विचारों को अगर अपने जीवन का हिस्सा बना लें तो हम जिंदगी से जुड़े हर संघर्ष में सफल हो सकते हैं।

- हमारा जीवन सरल होने के साथ सार्थक भी होना चाहिए।
- लोग तो जलते ही रहेंगे हमें अपने जलवे बरकरार रखने चाहिए।
- कभी भी अपनी हार को आखिरी हार के रूप में नहीं देखना चाहिए।
- दुनिया का सबसे बड़ा झूठ 'सब कुछ ठीक-ठाक है और तुम सुनाओ'।
- हर छोटी से छोटी सफलता हमारे लिए आगे बढ़ने के द्वार खोलती है।
- हर सफल व्यक्ति के पीछे उसकी जिंदगी के कई असफल साल होते हैं।
- कामयाबी की मंजिल कोई भी हो रास्ते सिर्फ मजबूत इरादे ही बना सकते हैं।
- जिंदगी की उथल-पुथल से कैसा डरना क्योंकि वक्त बदलते देर नहीं लगती।
- हम जो कुछ भी जीवन में पाना चाहते हैं उसे पाने के लिए अभी देर नहीं हुई।
- बड़ी सफलता से पहले अपने व्यक्तित्व को बड़ा बनाने की कोशिश करनी चाहिए।

- संघर्ष के पत्ते और जड़े बहुत कड़वी होती है लेकिन इसके फल बहुत मीठे होते हैं।
- सच में महान इंसान बनना चाहते हो तो कभी भी अपने संघर्ष को अधूरा मत छोड़ना।
- दुनिया की हर खूबसूरत चीज को संघर्ष की बदौलत आसानी से पाया जा सकता है।
- चाहें कोई अमीर हो या गरीब परेशानियां तो हर किसी के जीवन में आती ही रहती है।
- हम बेशक किसी भी देश एवं हालात में रहते हो संघर्ष के बिना तरक्की नहीं पा सकते।
- इस दुनिया में एक भी इंसान ऐसा नहीं है जिसे भगवान से कोई न कोई शिकायत न हो।
- खाली जेब, खाली पेट और टूटा हुआ दिल जिंदगी के सबसे बड़े सबक सिखा सकते हैं।
- आस और प्रयास के साथ आगे बढ़ने वाले हर मंजिल को आसानी से हासिल कर लेते हैं।
- हमारे जीवन की मंजिल कोई भी हो, शुरू का रास्ता तो कठिनाईयों से भरा हुआ ही होगा।
- निशाना लगाना ही है तो चांद पर लगाओं अगर चूक भी गया तो तारों में तो जरूर लगेगा।
- जिसके पास कल्पनाशक्ति नहीं होती वो इंसान कभी भी आसानी से तरक्की नहीं कर पाता।
- जिन लोगों की कल्पनाशक्ति अच्छी होती है वो जीवन में काफी जल्दी कामयाब हो जाते हैं।
- सबसे बहादुर इंसान वही होता हैं जो विपरीत परिस्थितियों में भी संघर्ष करना नहीं छोड़ता।

- सूरज की रोशनी की कद्र हमें तभी होती हैं जब हम सारी रात अंधेरे में गुजार चुके होते हैं।
- किसी भी काम को अच्छे से सीखने के लिए सबसे पहले उसे अपने हाथ से करना पड़ता है।
- जो लोग अपने शौक जिंदा रखते हैं चिंता और तनाव उनकी तरफ मुड़ कर देखते तक नहीं।
- ठोकरें खा कर बिखरने की जरूरत नहीं होती, ठोकरें खा कर ही इतिहास रचा जा सकता है।
- एक बार जो सितारों वाली वर्दी का सपना देख लेते हैं वो फिर सारी रात चैन से नहीं सो पाते।
- दुनिया की सबसे महंगी और अनमोल चीज़ की हम सबसे कम कद्र करते हैं और वो हैं 'समय'।
- जीवन जीने के लिए संघर्ष तो करना ही पड़ेगा, जीत हार का फैसला तो बाद में देखा जाएगा।
- संघर्ष शुरू करने से पहले हमारे दिल और दिमाग में बिलकुल स्पष्ट एवं साफ विचार होने चाहिए।
- आज तक कोई भी इंसान संघर्ष के बिना न तो कामयाब हो पाया है और न ही महान बन सका।
- जिंदगी को भी खेल खेलने का बहुत शौक है और उसे सबसे अधिक शतरंज खेलना ही पसंद है।
- सारी उम्र बेशक कितना कुछ भी कर लो दूसरों के लिए आखिर में वो सब कुछ भूल ही जाते हैं।
- आपके अंदर इतना साहस है कि आप दूसरे लोगों के लिए हीरो बन सकते हो उनके शिकार नहीं।
- जिंदगी जीने के लिए ही संघर्ष करना पड़ता है मरने के बाद तो बहुत लोग कंधा देने आ जाते हैं।

- उन लोगों पर कभी समय बर्बाद मत करो जो आपकी और आपके समय की कद्र करना नहीं जानते।
- कुछ बनना ही है तो इतना खास बनो कि दुनिया वालों के पसीने छूट जाए हमारी हैसयित देख कर।
- सबसे सफल खिलाड़ी उस समय तक अभ्यास करते रहते हैं जब तक वो सबसे बेहतर नहीं बन जाते।
- हमारी समस्या असल में कोई समस्या नहीं होती, उसे देखने का हमारा नजरिया समस्या पैदा करता है।
- आंसूओं को जितनी जल्दी हो सके बहा देना चाहिए वरना यह जिंदगी में सुनामी लाते देर नहीं लगाते।
- जिंदगी की जंग जीतने के लिए जुनून जरूरी होता है क्योंकि परिस्थितियां तो सदा ही विपरीत होती है।
- तरक्की की राह में अक्सर हम से गलतियां होती रहती है, उन्हें स्वीकार करने में देर नहीं करनी चाहिए।
- जो इंसान फूलों की तरह खूबसूरत बन जाते हैं उनकी खुशबू ही उनका संदेश दूसरों तक पहुंचा देती है।
- वक्त की सदैव कद्र करनी चाहिए क्योंकि कोई नहीं जानता कि यह कब किस को राजा से रंक बना दें।
- जब तक मनचाही मंजिल हासिल न हो जाए उस समय तक साहसी लोग हिम्मत से जंग लड़ते रहते हैं।
- हमें अपनी सांसों पर भरोसा हो या न हो लेकिन हम दूसरे लोगों से हर समय भरोसे की उम्मीद रखते हैं।
- इंसान अमीर हो या गरीब जिंदगी जीना आसान नहीं होता, हर दिन सैकड़ों बार कडुवे घूंट पीने पड़ते हैं।
- रूकावटें तो जिंदा इंसानों की जिंदगी में ही आती हैं वरना मरने के बाद तो हर कोई रास्ता छोड़ देता है।

- कभी सपनों के लिए अपनों को और कभी अपनों के लिए सपनों को छोड़ना ही जिंदगी का दूसरा नाम है।
- आजकल हर पल चौकन्ना रहना पड़ता है क्योंकि पता ही लगता कि कौन कब मौसम की तरह बदल जाए।
- कभी-कभी तो जिंदगी इतनी तेजी से भागती है कि समझ ही नहीं आता कि पड़ाव कहां है और मंजिल कहां है।
- बहुत सारे लोग खुद तो अभी तक सो रहे हैं लेकिन मंदिर में घंटी बजा कर भगवान को उठाना नहीं भूलते।
- हम जीत कर भी उतना आत्मविश्वास नहीं पा सकते जितना की संघर्ष कर के हासिल किया जा सकता है।
- संघर्ष से डरने वाले और परिवर्तन से घबराने वाले जिंदगी में नाम, शोहरत और पैसा कभी नहीं कमा सकते।
- विजेता बनने के लिए हमें सबसे पहले पूर्ण विश्वास रखते हुए खुद को एक विजेता के रूप में देखना होगा।
- हर काम को समय से पहले पूरा करने की आदत होनी चाहिए इससे हमारा कोई भी काम अधूरा नहीं रहता।
- इस दुनिया में आज तक एक भी इंसान ऐसा पैदा नहीं हुआ जिसके जीवन में कभी कोई समस्या न आई हो।
- संघर्ष कर के आगे बढ़ना अच्छी बात है लेकिन कुछ काम शांति के साथ आसानी से पूरे किये जा सकते हैं।
- अपने काम में श्रेष्ठ नहीं सर्वश्रेष्ठ बनने की कोशिश करो, पैसा खुद-ब-खुद आपके पास दौड़ता हुए आएगा।
- कुछ काम हम सिर्फ इसलिए कर पाते हैं क्योंकि हमारे करीबी लोग कहते हैं कि यह तुम्हारे बस का नहीं है।
- हमारी कामयाबी सिर्फ इस बात पर निर्भर करती है कि हम कुछ कर सकते थे और हम ने क्या कुछ किया है।

- हम किताबों से बहुत कुछ सीखते हैं लेकिन असल जिंदगी जीने के सबक वक्त ठोकरे मार कर ही सिखाता है।
- बड़ी सफलता के लिए संघर्ष के साथ ताकत भी जरूरी होती है जो हमें सिर्फ लगातार अभ्यास से ही मिलती है।
- हालात कई बार हमें बदलने पर मजबूर कर देते हैं परंतु आप चाहों तो हालात को अपने मुताबिक बदल सकते हो।
- कुछ लोग सिर्फ सफलता के सपने देखते हैं तो कुछ सुबह उठते ही उन्हें हकीकत बनाने के प्रयास शुरू कर देते हैं।
- आदमी गोरा हो या काला, कामयाबी की बुलंदियो तक पहुंचने के लिए जात-पात नहीं सिर्फ परिश्रम ही काम आता है।
- तरक्की की दौड़ में सदैव आगे रहने के लिए सोशल मीडिया और टी.वी. से थोड़ी दूरी बना कर रखना जरूरी होता है।
- दूसरे लोगों की बात सुन कर जवाब देने से कही बेहतर होता है कि उन बातों को समझ कर जीवन में अपनाया जाए।
- स्वभाव में सहनशक्ति का होना भी बहुत जरूरी है क्योंकि दूसरे लोग भी हमारी बहुत सारी बातें बेवजह सहन करते हैं।
- अच्छी सेहत अनमोल खजाने की तरह होती है हमें इसकी असली कीमत उस दिन समझ आती है जब हम इसे खो बैठते हैं।
- हम सारी जिंदगी छोटी-छोटी बातों पर सिर्फ इसलिए रोते रहते हैं क्योंकि पैदा होते ही हम सबसे पहले रोना सीखते हैं।
- शिकायत, आलोचना और निंदा करना सबसे आसान काम है इसलिए अधिकतर मूर्ख सिर्फ यही काम करना पसंद करते हैं।
- जंगल के हर जानवर को सारा दिन भागना पड़ता है कुछ जान बचाने के लिए और कुछ को अपना पेट भरने के लिए।
- जिस चीज को दिल से चाहते हो अगर उसी के लिए काम कर रहे हो तो वो एक दिन जरूर खुद आपके पास आयेगी।

- पहाड़ों पर चढ़ने वाले जानते हैं कि जो कुछ उन्होने किताबों में पढ़ा था असल जीवन में परिस्थितियां कभी भी वैसी नहीं होती।
- कुछ लोग हमें डराने के लिए कहते हैं कि तुम तुफान से मुकाबला नहीं कर पाओगे, ऐसे लोगों को बता दो कि मैं ही तुफान हूँ।
- जिंदगी की हर सच्चाई को स्वीकार करने की हिम्मत रखनी चाहिए क्योंकि अधिक समय तक ढ़ोंग कर के नहीं जीया जा सकता।
- एक बात सदा याद रखो कि दुनिया वाले बेशक कितने भी हमारे खिलाफ हो जाए लेकिन प्रभु–परमेश्वर सदैव हमारे साथ रहते हैं।
- अपने लिए तो हम सभी संघर्ष करते हैं लेकिन महान लोग दूसरों को आगे बढ़ा कर कामयाब करने में भी उतना ही संघर्ष करते हैं।
- एक बार जिंदगी में जरूर कुछ ऐसा अनूठा काम कर के दिखाना चाहिए ताकि जो हमें नाकाम देखना चाहते हैं वो भी हैरान हो जाए।
- मंजिल की ओर बढ़ते हुए यदि राह बिलकुल आसान हो जाए तो हमें सतर्क हो जाना चाहिए कि हम गलत रास्ते पर आगे बढ़ रहे हैं।
- जो कुछ हमारे सामने हैं उसे बदलना मुश्किल हो सकता है लेकिन सामना किये बगैर किसी भी चीज को बदला ही नहीं जा सकता।
- भावनाओं के साथ कभी–कभी समय गुज़ारना अच्छा होता है लेकिन जिंदगी के सारे महत्त्वपूर्ण निर्णय हमें अपने दिमाग से ही लेने चाहिए।
- मजबूत इंसान भी उस समय बिलकुल टूट जाता है जब अपने करीबी लोग जरूरत पड़ने पर मदद करने की बजाए गहरी चोट मारते हैं।
- यह सच हैं जिंदगी हम सभी के साथ ठीक से इंसाफ नहीं करती, लेकिन हम फिर भी इसे नाराज़ नहीं कर सकते क्योंकि यह बहुत खूबसूरत है।
- दिन, महीनें तो इसी तरह से गुजरते जाएंगे, आज किसी के पास इतना समय नहीं है कि वो दूसरों का सही ढंग से हालचाल भी पूछ सकें।
- हमें आरामदेह माहौल में भी काम करना मुश्किल लगता है जबकि

हमारे जवानों के दिमाग में हर समय प्रेशर कुकर की तरह मानसिक दबाव बना रहता है।

- जहाँ तक मुमकिन हो सकें हमें अपने दिमाग को सक्रिय रखने की कोशिश करते रहना चाहिए, इससे उसकी काम करने की शक्ति अच्छी बनी रहती हैं।
- जिंदगी एक दिन हमारे हक में और दूसरे दिन हमारे खिलाफ़ खड़ी होती है, सारी उम्र यही समझ नहीं आता कि आखिर यह हम से चाहती क्या है।
- हमारी जिंदगी में बेशक कितनी भी परेशानिया क्यूं न हो, लेकिन अगर हम चाहें तो फिर भी कामयाब होने का कोई न कोई रास्ता आसानी से ढूंढ सकते हैं।
- हम अपना हर काम मर्जी मुताबिक कर सकते हैं जबकि फौजियों को शारीरिक और भावनात्मक हर स्तर पर काफी कठिनाईयों का सामना करना पड़ता है।
- उन चीजों के बारे में बिलकुल मत सोचो जो कुछ हमारे पास नहीं हैं, हमें सिर्फ यह सोचना चाहिए कि जो कुछ हमारे पास है उससे कैसे कामयाब हो सकते हैं।
- हम जहाँ तक भाग सकते हैं हमें अपने सपनों के पीछे भागना चाहिए, लेकिन एक बात का ध्यान जरूर रखना चाहिए कि हम वापसी में घर का रास्ता ही न भूल जाएं।

❖

..11..

दुनिया से रहो सदा आगे

जीवन में सफल होने की बात की जाए तो हर कोई अपने हिसाब से एक नया तरीका बताने लगता है। अगर हमारे देश में काम के हिसाब से नाम रखने की प्रथा होती तो शायद 90 प्रतिशत लोगो का नाम रायचंद और बाकी के 10 प्रतिशत लोगों का नाम हुक्मचंद होता। ये वो लोग हैं जो खुद सफल होना तो दूर उसकी परिभाषा को भी ठीक से नहीं समझते। लेकिन दूसरों को सफल होने के अजीबों-गरीब टिप्स देने से कभी नहीं चूकते। क्या ऐसे व्यक्तियों के सुझाव हम लोगों को कामयाब बना सकते हैं। इतना तो हम सभी जानते हैं हर क्षेत्र में सफल होने के लिए बहुत सारी बातों का ध्यान रखते हुए सही रास्ते को चुनना पड़ता है। लेकिन कुछ ऐसी खास बातें होती है जिन्हें अपनाए बिना हम सफलता के बारे में सोच भी नहीं सकते। सबसे पहली बात तो यह हैं कि हमें खुद यह बात बिलकुल साफ होनी चाहिए कि हम क्या कुछ करना चाहते हैं, जीवन में क्या पाना चाहते हैं? हमारा लक्ष्य क्या है? इसी के साथ एक महत्त्वपूर्ण बात यह जुड़ी होती है कि हम यह सब कुछ क्यूं करना चाहते हैं? इसे करने से हमें क्या मिलेगा? जब यह बातें ठीक से समझ आ जाए तो फिर उसी के मुताबिक हमें अपने लक्ष्य तय कर लेने चाहिए। हम जो भी लक्ष्य तय करें उन्हें ऐसी जगह पर लिख कर रखे जहां हर समय वो हमें दिखाई देते रहे। किसी भी सपने को एक-दो बार देख कर हकीकत में नहीं बदला जा सकता। अपने लक्ष्य को हासिल करने के लिए हमें सोते-जागते, आते-जाते, खाना खाते हर समय उसको देखते रहना होगा। हर समय उसके बारे में विचार करना होगा। यहां एक बात और याद रखनी होगी कि यह कार्य सिर्फ कुछ दिनों या महीनों

तक करने से हम सबसे सफल नहीं बन सकते। इन सभी चीजों को हमें अपने स्वभाव का हिस्सा बनाना होगा। बरसों तक लगातार ऐसा करने से ही हमारे मन में अपने लक्ष्य को पाने का दृढ़ विश्वास पैदा होने लगेगा। कई बार हमारे ख्वाब इतने बड़े और अजीब होते हैं कि उसके लिए हमें खुद अपने लिए एक नई राह भी बनानी पड़ती है। एक बार यदि यह विचार हमारा अवचेतन मन अच्छे से स्वीकार कर लें तो फिर अपने सपनों को हकीकत बनाना काफी आसान हो जाता हैं। अब हम सफलता के उन स्मार्ट सूत्रों को समझने का प्रयास करते हैं जिससे हम भी दुनिया से अलग हट कर अपनी पहचान बना सकें।

- हमारे हर सपने को हमारी कल्पनाशक्ति ही जन्म दे सकती है।
- जीत के विचारों को खुशी-खुशी बांटने से जीत और बड़ी हो जाती है।
- हर दिन कुछ नया सीखने और करने से हम ढ़ेरों खुशियां पा सकते हैं।
- रचनात्मक सोच और विचार रखने वालों को आसानी से कोई नहीं हरा सकता।
- सबसे मुश्किल हालात से टकराने के बाद ही कोई इंसान महान बन सकता है।
- बड़े से बड़े अमीर लोग भी अनेकों बार असफल हो कर ही कामयाब हो पाते हैं।
- सृजनात्मक कार्यों को कर दिखाने के लिए साहस और दिलेरी दिखानी पड़ती हैं।
- बुद्धिमान व्यक्ति हर किसी से कुछ न कुछ नया सीखने की कोशिश करते रहते हैं।
- जमाना जो सबक सिखाता है वो आज तक कभी किसी किताब में नहीं लिखे गये।
- जब तक हम घर का आराम नहीं छोड़ेंगे हम सफलता की सीढ़ियां नहीं चढ़ पाएंगे।
- हमें सिर्फ खुद को पहचानना ही नहीं बल्कि अपने अंदर बड़े परिवर्तन भी लाने पड़ते हैं।
- हर दिन नई चुनौतियों से मुकाबला करने का हुनर सीखना हो तो अपने पिता से सीखो।

- हमारे मन में बार-बार उठने वाले शंका हमारे बहुत सारे सपनों को मिट्टी में मिला देते हैं।
- जब तक हम अपना काम शुरू नहीं करते उस समय तक कोई भी काम पूरा नहीं हो सकता।
- सोच समझ कर विश्वास के साथ प्रार्थना की जाए तो हर काम में कामयाबी जरूर मिलती है।
- किसी भी हुनर को केवल सीख लेना ही काफी नहीं होता उसे हर दिन तराशना भी पड़ता है।
- किताबों की गहराईयों को समझें बिना सफलता रूपी मोतियों को हासिल नहीं किया जा सकता।
- जीवन में कुछ अनूठा पाने की इच्छा हो तो उससे पहले हमें कुछ अनूठा कर के दिखाना होगा।
- काम सिर्फ काम होता है और कोई भी काम आराम के साथ बैठ कर पूरा नहीं किया जा सकता।
- हमारी सोच या कार्य करने की जो भी क्षमता है हमें उसे स्वीकार करते हुए ही आगे बढ़ना चाहिए।
- कभी किसी से तुलना मत करो क्योंकि प्रभु ने हर किसी को उसके हिस्से का बहुत कुछ दिया है।
- रात के समय यदि घर को उजालों से भरना चाहते हो तो दिन की गर्मी में खूब पसीना बहाना होगा।
- 'ज्ञान' सबसे महंगी मुद्रा (करेंसी) है, इसके बिना किसी भी व्यापार को सफल नहीं बनाया जा सकता।
- सृजनात्मक कार्यो के लिए रचनात्मक विचार कभी भी सीधे और सरल रूप में हमारे सामने नहीं आते।
- मंजिलें कितनी भी बड़ी और दूर क्यूं न हो उसके सभी रास्ते हमारे पैरों के नीचे से ही हो कर जाते हैं।
- सर्वगुण सम्पूर्ण बनने की कोशिश कभी नहीं करनी चाहिए क्योंकि वहां तक कभी कोई नहीं पहुंच पाया।
- जीवन में काम कोई भी करो पैसा सिर्फ रचनात्मक और सकारात्मक विचारों से ही कमाया जा सकता है।

- अपने बच्चों को पक्षियों की तरह खुले आसमान में उड़ना सिखा दो, अपनी दुनिया वो खुद ही बसा लेंगे।
- अपने कदमों की काबलियत पर विश्वास रखने वालों को जीवन में कभी किसी चीज की कमी नहीं आती।
- जब भी कुछ नया सीखना हो तो सवाल पूछने से न तो कभी डरना चाहिए और न ही शर्म करनी चाहिए।
- बड़ा व्यक्ति बनने के लिए साधारण बातें छोड़ कर सिर्फ बड़ी कल्पनाओं के बारे में सोचना बेहतर होता है।
- कामयाब लोग ज्ञान दूसरों से लेते हैं लेकिन सफल होने के लिए कल्पनाशक्ति अपनी ही इस्तेमाल करते हैं।
- बेकार के गिले-शिकवे और शिकायतें करने की बजाए उन्हें माफ कर देने वाले हमेशा ही खुश रह सकते हैं।
- तरक्की पाने की कोई सीमा नहीं होती हमें सिर्फ यह देखना होगा कि हम कहां तक जाने की हिम्मत रखते हैं।
- सफलता के शिखर तक पहुंचने के लिए कभी भी 'चलता है या चल जाएगा' जैसा नजरिया नहीं रखना चाहिए।
- शुरुआत में तो हर कोई अनाड़ी होता है लेकिन बुद्धिमान लोग खेल खत्म होने तक महान खिलाड़ी बन जाते हैं।
- हमारी बहानेबाजी हमारे सपनों को बुलंदियों की तरफ ले जाने की बजाए उन्हें कचरे के डिब्बे में डाल सकती है।
- योजना बना काम करना अच्छी बात है लेकिन योजना को अंजाम देने से पहले अभ्यास करना भी जरूरी होता है।
- जब तक हम कुछ हासिल करने के प्रयास ही नहीं करते हमें सफलता असफलता का फर्क ही नहीं समझ आएगा।
- सफलता की राह को आसान बनाने के लिए केवल बुद्धिमान और योग्य व्यक्तियों को ही अपने साथ रखना चाहिए।
- हर समय खुश रहने वाला इंसान न सिर्फ अपने परिवार को बल्कि सारे समाज को खुश रखने की ताकत रखता हैं।
- मुश्किल और नामुमकिन में बहुत फर्क होता है सफलता मुश्किल से जरूर मिलती है लेकिन यह नामुमकिन नहीं होती।

- बुलंदियो तक पहुंचना चाहते हो तो अकेले ही आगे बढ़ते रहो क्योंकि साथ चलने वाले तो न जाने कब धोखा दे जाए।
- हमारे पास कितना भी अच्छा हुनर क्यूं न हो लेकिन अगर उसका सही ढंग से इस्तेमाल नहीं करते तो वो बेकार ही है।
- नौकरी कितनी भी अच्छी क्यूं न हो उसके पीछे मत भागो, जीवन में कुछ ऐसा करो कि आप दूसरों को नौकरी दे सकों।
- जिंदगी का बोझ तो हमें ही उठाना पड़ेगा इसलिए अपने कंधों को हर दिन मजबूत बनाने का प्रयास करते रहना चाहिए।
- व्यापार करते समय दूसरों के व्यवहार की चिंता मत करो, लोग सिर्फ आपके व्यवहार को देख कर आपसे व्यापार करते हैं।
- अपनी मंजिल के लिए हमें खुद ही अपना रास्ता चुनना चाहिए क्योंकि हमारे लक्ष्य को हम से बेहतर कोई नहीं समझ सकता।
- जिन लोगों के मन में कामयाबी की चिंगारी जल उठती हैं उन्हें सफलता की बुलदिंयों तक पहुंचने से नहीं रोका जा सकता।
- हम जब मंजिल की और बढ़े उस समय हमारी गति से फर्क नहीं पड़ता बस हमारे कदम लगातार आगे बढ़ते रहने चाहिए।
- रचनात्मक सोच वाले व्यक्ति कभी भी चैन से नहीं बैठ सकते उनका दिमाग हर समय कुछ नया करने के लिए बेचैन रहता है।
- एक दिन में न तो कोई कामयाब हुआ है और न ही अमीर बन पाया है इसलिए धैर्य के साथ ही सब कुछ सभंव हो पाता है।
- सफलता कभी भी किसी को हमेशा के लिए नहीं मिलती इसीलिए हमें हर दिन मेहनत के रूप में इसका किराया चुकाना पड़ता है।
- सबसे सफल लोग अपने हर काम को जल्दी तो करना जानते हैं लेकिन वो कभी भी किसी भी काम को जल्दबाजी में नहीं करते।
- जब हम कुछ नया काम करते हैं तो उस समय हम बड़े नहीं होते लेकिन हमें अपना कार्य कुछ बड़ा बनने के लिए करना चाहिए।
- कई लोग हर खुशी को पैसे से तोल कर देखते हैं, लेकिन आज तक कोई भी व्यक्ति अपना बैंक बैलेंस बढ़ा कर खुश नहीं हो पाया।
- चांद-सितारों की इस दुनिया में हमें उस समय तक मेहनत करते रहना चाहिए, जब तक हम खुद एक सितारा बन कर नहीं चमकते।

- पानी पहाड़ों का सीना चीर कर भी अपना रास्ता बना लेता है। हम तो इंसान हैं और हमारे अंदर खून है, सोचो कितने करिश्में हो सकते हैं।
- हमें कभी भी अपने कारोबार को सिर्फ पैसा कमाने का जरिया नहीं समझना चाहिए बल्कि उसे सफलता की सीढ़ी की रूप में देखना चाहिए।
- हमारे विचार हमारी तरक्की के लिए बहुत ही ताकतवर हथियार की तरह होते हैं, इसलिए इनका इस्तेमाल बहुत सोच समझ कर करना चाहिए।
- कोई भी दूसरा इंसान हमें खुश नहीं कर सकता जितना कि हम खुद को कर सकते हैं, इसलिए सबसे पहले खुद से प्यार करना सीखना होगा।
- अगर हम अपने लक्ष्य को दिल से चाहते हैं तो उसे किसी न किसी तरह से हासिल कर ही लेंगे वरना बहाने तो हर किसी के पास बहुत होते हैं।
- आज कल जमाने के साथ चल कर काम नहीं चलता, टॉपर बनने के लिए हमें समय से आगे सोचना और बिजली की गति से भी तेज चलना होगा। अपने बच्चों
- हम कोई राजा–महाराजा तो हैं नहीं जो हर कोई हमें झुक कर सलाम करेगा, अगर हमें कोई अच्छा लगता है तो पहले बात करने में कोई हर्ज नहीं होता।
- कारोबार करते समय एक बात सदैव याद रखनी चाहिए कि इस बात की कोई गारंटी नहीं होती कि हमें हर बार अच्छे मुनाफे के साथ सफलता ही मिलेगी।
- कुछ लोग इस गलतफहमी में रहते हैं कि समय सब कुछ ठीक कर देगा, असल में जब तक हम खुद को ठीक नहीं करेंगे कुछ भी ठीक नहीं हो सकता।
- आजकल जरूरत से अधिक तारीफ करने वालों से बच कर रहना चाहिए क्योंकि वो यह काम तभी तक करते हैं जब तक उनका मतलब पूरा नहीं हो जाता।
- जिंदगी में आज तक किसी भी इंसान की सभी इच्छाएं पूरी नहीं हो पाई क्योंकि कुछ ख्वाहिशों को पूरा करने के लिए कुछ इच्छाओं को खुद ही मारना पड़ता है।
- कई बार हमें अपनी मंजिल ठीक से दिखाई नहीं देती, इस के लिए

हमें वहां तक जाना चाहिए जहां तक दिखाई दे, उसके बाद फिर बहुत कुछ साफ दिखने लगेगा।

- सबसे पहले हमें यह कोशिश करनी चाहिए कि हम सबसे अच्छा क्या कर सकते हैं, उसके बाद यह प्रयास करना चाहिए कि अब इसे और बेहतर कैसे बनाया जा सकता है।
- हमारे प्रतिद्वंदी क्या करते हैं, कैसे माल बनाते या बेचते हैं, इन बातों पर समय गंवाने की बजाए हमें अपनी सारी क्षमता, ताकत अपने सामान को बेहतर बनाने में लगानी चाहिए।
- सारे समुद्र का पानी मिल कर भी जहाज को नहीं डूबो सकता जब तक वो उसके अंदर न आ जाए। इसी तरह कोई भी नकारात्मक विचार हमें नुकसान नहीं पहुंचा सकते जब तक वो हमारे दिमाग में न बैठ जाए।

❖

..12..

अकेले रहो खुश रहों

दुनिया में हर दिन भीड़ तो बढ़ती जा रही है लेकिन आज का आम आदमी भीड़ में रहते हुए भी हर समय खुद को अकेला और असहाय महसूस करता है। किसी को काम की मजबूरी के कारण परिवार से दूर रहना पड़ रहा है तो कुछ दुनिया के स्वार्थी लोगों से तंग आ कर अकेले जीने को लाचार हो गये हैं। हमारे देश का एक वर्ग ऐसा भी है जो गांव में रहता हैं। उन्हें लगता है कि गांव में रह कर वो अपने सपनों को कभी सच होता हुआ नहीं देख सकते। इन्हीं सपनों में रंग भरने के लिए बहुत सारे युवा गांव में अपने घर-परिवार को छोड़ कर शहरों में आ कर अकेले ही बसने लगते हैं। कुछ समय पहले तक संयुक्त परिवार होते थे, लेकिन शहरीकरण ने युवाओं की सोच ही बदल दी है। आज की पीढ़ी को आज़ादी बहुत पसंद हैं। उन्हें किसी किस्म की रोक-टोक अच्छी नहीं लगती। वो रिश्तेदारों की भीड़ के बीच खुद को हर समय बेचैन सा महसूस करते हैं। उन्हें लगता है कि बिलकुल अकेले रहने वाला स्टाइल बहुत ही रंगीन और मजेदार होता है। न किसी किस्म की रोक-टोक, जब मर्जी आओ, जहां मर्जी हो वहां जाओ यानी सिर्फ आजादी। कुछ लोगों को तो कामकाज या नौकरी के कारण मजबूरी में अकेले रहना पड़ता है। परंतु आजकल देखने में आ रहा है कि एक ही शहर में रहते हुए युवा वर्ग अकेले रहना पसंद करने लगा है। जिस तरह हर सिक्के के दो पहलू होते हैं उसी तरह इस विषय के भी कुछ फायदे और नुकसान हैं। अपनी मर्जी से अकेले रहना और अकेले रहने के लिए किसी को मजबूर करना दोनों बातों में बहुत बड़ा फर्क होता है। जिन बच्चों को उन के माँ-बाप उनकी मर्जी के खिलाफ होस्टल में भेज देते हैं

वो अक्सर तनाव, डिप्रेशन का शिकार हो जाते हैं। अब अगर अकेलेपन के दूसरे पहलू को देखें तो यह समझ आता है कि जीवन में कुछ खास बनने के लिए एकांत और शांति का बहुत बड़ा योगदान होता हैं। एकांत में रहना एक कला है जिसे बहुत ही गंभीरता से सीखने की जरूरत होती है। जो लोग इस कला को सीख लेते हैं वो खुद को अच्छे से जान पाते हैं। वो अपने हर गुण को समझ कर उसे निखारने में भी सफल हो जाते हैं। इस दौरान ऐसे लोग यह भी जान जाते हैं कि उन्हें कितने समय तक अकेले रहना है और कब वापिस करीबी लोगों के बीच जाना है। जो व्यक्ति इन बातों के बीच तालमेल बिठाना सीख लेते हैं, उन्हें फिर किसी किस्म की कोई परेशानी नहीं आती। अगर लड़कियों की बात की जाए तो उन्हें अकेले रहने में बहुत सारी परेशानियों का सामना करना पड़ता है। अपनी पढ़ाई या नौकरी के साथ अपने घर के सारे काम भी खुद ही निपटाने पड़ते हैं। शुरू में अकेले रहने का जो सपना बहुत हसीन दिखाई देता था वो कुछ समय के बाद हमारी जिंदगी में बोरियत और तनाव पैदा करने लगता है। जब भी हम अपने घर परिवार से दूर रहने के लिए सोचें तो एक बात पर अच्छे से विचार कर लेना चाहिए कि इसके अलावा हमारे पास कोई विकल्प है या नहीं। हम अलग रह कर ऐसा क्या हासिल कर पाएंगे जो हम अपने घर में रह कर नहीं कर पा रहे। यह सच है कि अकेले रहना आसान नहीं होता लेकिन जिंदगी के लक्ष्य जब बड़े हो तो उसके लिए त्याग और संघर्ष भी बड़ा ही करना पड़ता है। अकेले इतने सारे कष्ट सहने के बाद हमारे जीवन की रूप-रेखा क्या होगी इसको जानने के लिए निम्नलिखित विचारों को समझने की कोशिश करते हैं।

- आजकल के लोग दिल से नहीं जरूरत के मुताबिक दोस्त बनाते हैं।
- जिंदगी को खूबसूरत बनाना है तो दुनिया वालों से दूरी बना कर रखनी होगी।
- सबसे खुशनसीब इंसान वो होता है जो अकेले रह कर भी खुश रह सकता है।
- खुशी-खुशी जिंदगी जीना चाहते हो तो थोड़ा लापरवाह बन कर जीना सीख लो।

- जिंदगी भर ठोकरे खाने के बाद अब समझ आया है कि अभी तो हम नासमझ हैं।
- आजकल जिस व्यक्ति पर आखें बंद कर के भरोसा करो वही आखें खोल जाता है।
- जिनकी नीयत साफ न हो उनका साथ जितनी जल्दी छोड़ सको छोड़ देना चाहिए।
- दुनियादारी को समझने के बाद अकेले जीवन गुजारना कोई कठिन काम नहीं होता।
- जिंदगी में कुछ परेशानियों के आने से अपने-पराये की असल पहचान हो जाती है।
- किसी के प्रति मन में गलतफहमी रखना ईर्ष्या से भी अधिक नुकसान कर सकता हैं।
- जिंदगी को समझना इतना आसान नहीं क्योंकि यह हर दिन नए नाटक दिखाती है।
- बिना किसी खास मकसद के अकेले रहने से भी कुछ हासिल नहीं किया जा सकता।
- जिंदगी की लड़ाई उस समय तक खत्म नहीं होती जब तक हम खुद हार न मान लें।
- जब हम छोटे थे तो हर जादू को भी सच मानते थे आज हर सच पर भी शक होता है।
- दुनिया का सबसे मुश्किल काम है शहर की भाग-दौड़ में खुद को खोजना और जानना।
- हमारी जिंदगी में सुख आए या दुःख यह कोई दूसरा नहीं बल्कि हम खुद ही तय करते हैं।
- जिस इंसान की जुबान खराब होने लगती है उसका दिमाग खराब होने में देर नहीं लगती।
- अकेले रहना भी आना चाहिए क्योंकि आज तक सारी उम्र कोई किसी का साथ नहीं निभा पाया।

- अपने खाली समय का भरपूर आनंद लेना हो तो वो सिर्फ अकेले रह कर ही लिया जा सकता है।
- आजकल जो लोग दिल के जितने अधिक अच्छे होते हैं उनके दुश्मन भी उतने ही ज्यादा होते हैं।
- सूखे पत्ते भी यह समझाते हैं कि अगर किसी पर बोझ बन जाओं तो वो गिराने में देर नहीं लगाते।
- हमारा मन मजबूत होना चाहिए फिर कोई हमारे साथ है या नहीं हम हर सकंट से पार हो सकते हैं।
- बिलकुल शांत माहौल में सफलता पाना चाहते हो तो कामयाबी का सफर अकेले ही तय करना पड़ेगा।
- जिंदगी के हर पल का आनंद लेते रहना चाहिए क्योंकि कोई नहीं जानता कि कल यह पल हो या न हो।
- अपने दुःख-दर्द अपने दिल में छिपा कर रखना वरना दुनिया वाले तो नमक छिड़कने के लिए तैयार बैठे हैं।
- आजकल की दुनिया बहुत मतलबी है, इसलिए सिर्फ मतलब की बात सुनों मतलबी लोगों को अनदेखा करो।
- हमारा अनुभव ही हमारे जीवन की सबसे बड़ी सीख होती है क्योंकि अनुमान गलत हो सकता है, अनुभव नहीं।
- अकेले व्यक्ति को कभी कमजोर नहीं समझना चाहिए क्योंकि कामयाब होते ही वो दुनिया को बदल सकता हैं।
- शांत स्वभाव के अकेले रहने वाले व्यक्ति न तो खुद परेशान होते हैं और न ही कभी दूसरों को दुःखी करते हैं।
- कभी भी किसी का दिल नहीं दुःखाना चाहिए क्योंकि हो सकता हैं वो हमें माफ तो कर दे लेकिन भूलेगा नहीं।
- जरूरत से अधिक चुप रहना और जरूरत से अधिक बोलने वाले दोनों को ही उसकी कीमत चुकानी पड़ती है।
- कुछ लोग अकेलेपन से बहुत डरते हैं लेकिन वो यह नहीं जानते कि भीड़ में कोई किसी का साथ नहीं निभाता।

- जिंदगी में अकेले चलना बहुत कठिन होता है लेकिन हमें सबसे अधिक ताकत भी अकेले चलने से ही मिलती है।
- कुछ लोग अकेलेपन को अपना इतना गहरा साथी बना लेते हैं कि उन्हें अकेलेपन की कमी महसूस ही नहीं होती।
- एक फकीर के पास भी इतना कुछ होता है कि अमीर से अमीर इंसान भी उसे उसकी औकात नहीं दिखा सकता।
- आजकल दिल की बात को समझने वाले लोग बहुत कम हैं जो भी मिलेगा कुछ नया ही समझा कर चला जाएगा।
- जो लोग हमारी इज्जत न करते हो उन के साथ रहने से तो अच्छा है कहीं दूर अकेले अपना घर बसा लिया जाए।
- अकेले रहने का सबसे बड़ा फायदा यह होता है कोई भी दूसरा व्यक्ति हमारी भावनाओं को ठेस नहीं पहुंचा सकता।
- सबसे बड़ी कामयाबी का सुख यदि अकेले भोगना चाहते हो तो वहां तक का सफर भी अकेले ही पूरा करना पड़ेगा।
- कभी भी किसी दोस्त को अकेले नहीं छोड़ना चाहिए, जब भी मौका मिले उसे बेवजह फोन कर के परेशान करते रहो।
- सारा दिन बेकार में खाली बैठ कर कुछ भी हासिल न होने पर हमें किसी से शिकायत करने का कोई हक नहीं बनता।
- हम अकेले रह कर भी न सिर्फ अपनी समस्याओं का समाधान कर सकते हैं बल्कि समाज का कल्याण भी कर सकते हैं।
- अकेले रहना थोड़ा कठिन जरूर होता है लेकिन हर चुनौती का मुकाबला करना भी इंसान अकेले में ही सीख सकता है।
- अकेले रहना अलग बात है लेकिन अगर कुछ अनूठा करने की मन में चाह हो तो वो अकेले रह कर पूरी की जा सकती है।
- दूसरे लोगों का खयाल रखना अच्छी बात है लेकिन यह तभी मुमकिन हो पाता हैं जब हम पहले अपना खयाल ठीक से रखें।
- एक बार अगर हम अपने पैरों पर चल कर कुछ करने की ठान लें तो फिर कभी किसी के पैरों पर झुकने की नौबत नहीं आती।

- जो लोग दिल में उतर जाएं उन्हें बहुत संभाल कर रखना चाहिए जो दिल से उतर जाए उन से बहुत संभल कर रहना चाहिए।
- जो कुछ हम अकेले रह कर थोड़े समय में सीख सकते हैं वो दुनिया के साथ सारी उम्र गुजार कर भी नहीं सीख पाएंगे।
- अपने खास दोस्तों को कभी भी अकेले नहीं छोड़ना चाहिए जब भी समय मिले उन्हें थोड़ा-बहुत परेशान करते रहना चाहिए।
- अपनी पसंद का लक्ष्य अकेले रह कर ही हासिल किया जा सकता है क्योंकि दुनिया वालों की पसंद तो हर दिन बदलती रहती है।
- अकेले रहने वाले इंसान में इतनी ताकत होती है कि वो जीवन में आने वाले हर प्रकार के हालात से मुकाबला कर सकता है।
- अकेले रहने का सबसे बड़ा फायदा यह भी होता है कि न तो कोई हमें परेशान कर सकता है और न ही हम किसी को बोझ लगते हैं।
- यह सच है कि भीड़ के साथ तो हर कोई खड़ा हो जाता है परंतु अकेले चलने के लिए बहुत हिम्मत और हौसलें की जरूरत होती है।
- फल के पक जाने पर खाने वाले तो बहुत आ जाते परंतु फल के पेड़ को लगाने और संभालने के लिए अकेले ही संघर्ष करना पड़ता है।
- जिंदगी की लड़ाई हर किसी को अपने दम पर लड़नी पड़ती है क्योंकि राय देने वाले तो बहुत मिलेंगे सहारा देने वाला कोई नहीं मिलता।
- किसी से भी दोस्ती करने से पहले इतना जरूर जान लेना कि यह जरूरी नहीं होता कि जो बाहर से अच्छा है वो अंदर से भी अच्छा होगा।
- हम कितने भी होशियार क्यूं न हो लेकिन वक्त ही हमें बताता है कि हम अपने करीबी लोगों को क्या समझते थे और असल में वो क्या हैं।
- हर कदम बहुत संभल कर चलना पड़ता है क्योंकि एक कदम गलत होते ही दुनिया वाले हमारी काबलियत पर शक करने में देर नहीं लगाते।
- जरूरत से ज्यादा मीठी बातें करने वालों से थोड़ा बच कर रहना चाहिए क्योंकि वो हमारी इज्जत कम और धोखा अधिक देने के चक्कर में रहते हैं।
- अकेले रहते हुए बहुत सावधान रहना पड़ता है क्योंकि कई बार जिंदगी

बहुत अच्छे ढंग से निखर जाती है तो कई बार यह बिलकुल ही बिखर जाती है।

- जहाँ तक हो सके रिश्तों को निभाने का प्रयास करते रहना चाहिए, लेकिन जब स्वार्थी लोग जिंदगी में आ जाए तो रिश्तों को खत्म करना ही ठीक रहता है।
- बेकार के लोगों को खुश करने में समय बर्बाद नहीं करना चाहिए, क्योंकि जो दिल से अपने हैं वो हमेशा खुश रहेंगे और जो अपने नहीं होते वो कभी खुश नहीं होते।

❖

..13..

खौफ से नहीं रौब से जीओ

खौफ यानी डर, यह एक ऐसी चीज है जिसे आज तक किसी ने देखा तो नहीं पर इसकी दहशत के कारण वो अपनी जिंदगी को बेवजह बर्बाद कर लेते हैं। अक्सर देखने में आता है कि कुछ लोग डर के मारे अपने घर से नहीं निकलते और कुछ डर कर अपने घर से बाहर आ जाते हैं। ऐसे में हम डर किस को कहेंगे? विशेषज्ञ बताते हैं 'डर' नाम की चीज इस दुनिया में कोई है ही नहीं। डर सिर्फ एक ऐसा नकारात्मक भाव है जो हम से हमारी अजादी छीन लेता है। हमें हर कदम पर आगे बढ़ने से रोकता है। सबसे अजीब बात तो यह है कि यह बाहर से नहीं आता बल्कि हम खुद ही किसी न किसी कारण से इसका भ्रम अपने दिमाग में पैदा कर लेते हैं। हम में से अधिकतर लोग बहुत सारे काम सिर्फ इसलिए नहीं कर पाते कि लोग हमारे बारे में क्या सोचेंगे। अगर हम असफल हो गये तो दुनिया वाले हमारा मजाक उड़ायेंगे। एक बात तो हम सभी जानते हैं हम चाहें कितना भी अच्छा काम क्यूं न कर लें, लोग उसमें भी किसी न किसी प्रकार की कमियां निकाल ही देंगे। इसलिए बिना किसी से डरे हर प्रकार के खौफ को मन से जल्द खत्म कर देना चाहिए। यहां हम एक बात जरूर कहना चाहेंगे कि इस दुनिया में अभी तक कोई इंसान ऐसा पैदा नहीं हुआ जो सारी दुनिया के लोगों को खुश कर सकें।

अब प्रश्न यह उठता हैं कि डर को किस प्रकार से खत्म किया जा सकता है। सबसे पहली बात तो यह है कि हमें अपनी जानकारी और आत्मविश्वास को अधिक से अधिक बढ़ाते रहना चाहिए। कोई भी डर हमें केवल उस समय तक परेशान कर सकता है जब तक हम उसके बारे में

ठीक से नहीं जानते। आपको याद होगा कि जब पहली बार हम ने साइकल और स्कूटर चलाना सीखा था तो उस समय बहुत डर लगता था। लेकिन जैसे ही कुछ दिन लगातार अभ्यास कर के उसे ठीक से चलाना सीख लिया जाए तो मन से सारा डर सदा के लिए खत्म हो जाता है। डर को दूर करने में हमारी हिम्मत और हौसलें का भी बहुत बड़ा योगदान होता है। ऐसा इसलिए भी कहा जाता है क्योंकि डर सिर्फ डरपोक लोगों को ही डराता है। बहादुर लोगों की हिम्मत देख कर डर उनके करीब भी नहीं आ पाता। हम उम्मीद करते हैं कि इस अध्याय को अच्छे से पढ़ने और समझने के बाद आप किसी भी प्रकार के डर को अपने दिलों-दिमाग में जगह नहीं बनाने देंगे। एक बार डर का खौफ खत्म हो गया तो फिर आप भी हमेशा रौब से जी पाएंगे।

- सही रास्ते पर चलने वाले दुनिया की किसी चीज से नहीं डरते।
- थोड़ी 'अतिरिक्त' मेहनत आपको साधारण से असाधारण बना सकती है।
- मानसिक ताकत हमें शरीर से नहीं बल्कि अपनी इच्छाशक्ति से मिलती है।
- खुद पर विश्वास करना सीखो, दुनिया वाले तो सिर्फ शक करना जानते हैं।
- सपनों को हकीकत में बदलने के लिए किसी की इज़ाजत जरूरी नहीं होती।
- रौब से जीना चाहते हो तो हर चुनौती का मुकाबला डट कर करना सीख लो।
- जब तक हम हर ऐरे-गेरे की बातें सुनते रहेंगे जिंदगी में सुकून नहीं पा सकते।
- जो अपनी जिंदगी से सच्चा प्यार करना जानते हैं वो कभी किसी से नहीं डरते।
- हम जो कुछ भी पाना चाहते हैं वो डर के उस पार जाने से ही मिल सकता है।
- कुछ लोग जो आज हमें मूर्ख समझते हैं समय आने पर वही लोग हमें 'सर' भी कहेंगे।

- कामयाबी की सभी हदों को पार करना है तो डर की हर सीमा को मिटाना होगा।
- आजकल लोग मौत से इतना नहीं डरते जितना की जिंदगी जीने से डरने लगे हैं।
- आप सपने में भी नहीं सोच सकते कि आपके अंदर कितनी हिम्मत और ताकत है।
- जो भीड़ से अलग हट कर जिंदगी जीते हैं जमाना सिर्फ उन्ही को याद रखता है।
- परेशानियों को देख कर डरना नहीं चाहिए क्योंकि वो तो लगातार आती ही रहेंगी।
- शेर जंगल का राजा होता है लेकिन उसे भी एक बार में अपना शिकार नहीं मिलता।
- सिर्फ सोचने से डर कभी खत्म नहीं होता उसके लिए निडर बन कर जीना पड़ता है।
- जब अपने सबसे करीबी लोग धोखा देने लगें इंसान उसी समय जीते जी मर जाता है।
- ताकतवर बनों, क्योंकि ऐसे लोगों की राह में रोड़े अटकाने की हिम्मत कोई नहीं करता।
- कुछ खास बनना चाहते हो तो जो कुछ भी करो वो पूरे जोश और जुनून के साथ करो।
- हम जो कुछ हैं, जैसे हैं हम ठीक हैं हमें किसी से प्रमाण-पत्र की कोई जरूरत नहीं हैं।
- जिंदगी के हर पल को खुशी-खुशी जीयो क्योंकि कोई नहीं जानता कि कल क्या होगा।
- जब हमारा दिल और दिमाग हमारा साथ देता है तो हम बिना डरे कुछ भी कर जाते हैं।
- रौब किसी को डराने के लिए नहीं बल्कि कोई हमें न डरा सके इसलिए जरूरी होता है।

- जिंदगी में दूसरों से हमेशा आगे रहने के लिए कई बार असफल होना भी जरूरी होता है।
- इंसान कितना भी ज्ञान हासिल कर ले, परंतु फिर भी अपनो में अपनों को नहीं खोज पाता।
- हर समय डर के साये में जीने से हम अपनी ही खुशियों को ही जला कर राख कर देते हैं।
- आप मानों या न मानों लेकिन जब तक आप न चाहो कोई आपको डरा-धमका नहीं सकता।
- कभी भी दूसरों पर इतना रौब नहीं डालना चाहिए कि डॉक्टर हमें बोलने से ही मना कर दें।
- जो इंसान बार-बार समझाने पर भी न समझे उससे दूरी बना कर रखना ही ठीक रहता है।
- खुशहाल और सफल जिंदगी की शुरुआत डर का बार्डर पार करने के बाद ही शुरू होती है।
- जिंदगी हमेशा अपनी शर्तों पर जीनी चाहिए दूसरों के दबाव में तो शेर भी सर्कस में नाचते हैं।
- एक सपना टूटने के बाद जब दूसरा देखने की हिम्मत जाग उठे तो उसे ही जिंदगी कहते हैं।
- किसी भी इंसान के पास इतनी ताकत नहीं है कि वो हमारी मर्जी के बिना हमें नीचा दिखा सके।
- जब हम कुछ बड़ा करने की कोशिश शुरू करें तो असफलता का डर मन से निकाल देना चाहिए।
- ऐसी वाणी बोलिए कि जम कर झगड़ा होये, उससे झगड़ा कभी मत करना जो तुम से तगड़ा होये।
- असीम शक्तियाँ पाने के लिए सबसे पहले अपने मन के डर को सदा के लिए खत्म करना पड़ता है।
- उन लोगों की बात कभी नहीं सुननी चाहिए जो यह कहते हैं कि हम जीवन में कुछ नहीं कर सकते।

- अपनी शर्तों पर काम करने वालों के लिए कोई भी सिक्का उछाल लो, जीत सिर्फ उन्हीं की ही होती है।
- दूर से रास्ता दिखाने वाले तो बहुत लोग मिल जाएंगे लेकिन मंजिल तक हमें खुद ही पहुंचना पड़ता है।
- हर बात पर अपनी प्रतिक्रिया देने से कही अच्छा है कि हम उस बात को समझ कर उस की समीक्षा करें।
- हमारी उम्र बेशक जितनी मर्जी क्यूं न हो जाए परंतु दिल और सोच को हमेशा जवान बनाए रखना चाहिए।
- दूर से देखने पर जो दोस्त बहुत अच्छे दिखाई देते हैं करीब पहुंचने पर वो पत्थरों से भी कठोर निकलते हैं।
- आजकल अपनों से भी बहुत सावधान रहना पड़ता है क्योंकि बेगानों से अधिक जख्म अपने खास ही देते हैं।
- जिंदगी में कई बार बुरे दिन आ जाते हैं ऐसे में यह जरूर याद रखना कि सिर्फ दिन ही बुरे हैं जिंदगी नहीं।
- छोटी-छोटी बातों को दिल पर लगाने से बचना चाहिए क्योंकि इससे बेवजह चिंता और तनाव बढ़ने लगते हैं।
- कमजोर लोग बेचारे जीते-जी ही मरते रहते हैं और निडर इंसान मर कर भी सदैव के लिए अमर हो जाते हैं।
- कभी बेवजह किसी की कमियां मत निकालों क्योंकि कमियां हमारे अंदर भी हैं और जुबान दूसरों के पास भी है।
- डर इतनी खतरनाक चीज है कि यह हमारी गलतियों और असफलताओं से भी अधिक हमें नुकसान पहुंचाती है।
- इस दुनिया में कोई भी ऐसा नहीं है जिस में कोई कमी न हो, यहां तक कि आसमान के पास भी जमीन नहीं है।
- जिसे अपनी खूबसूरती पर बहुत नाज़ हो उसे उसकी सच्चाई बताने के लिए सिर्फ उसका आधार कार्ड दिखा दो।
- हमें अपनी मंजिल की ओर बेफ्रिक हो कर बढ़ते रहना चाहिए क्योंकि दुनिया वाले तो कुछ न कुछ कहते ही रहेंगे।

- आजकल मिठाई की तरह बहुत मीठे बन कर रहने का जमाना नहीं रहा लोग एक मिनट में खा कर निपटा देते हैं।
- एक बार अगर हमारी दुनिया बनाने वाले से दोस्ती हो जाए तो फिर दुनिया का कोई आदमी हमें नहीं डरा सकता।
- इतिहास गवाह है कि महान लोगों ने कभी भी बेवजह न तो किसी को डराया है और न ही खुद किसी से डरते थे।
- कोई भी खेल खेलते समय हमें हार जीत के बारे में सोचने की बजाए अपना सारा ध्यान खेल खेलने में लगाना चाहिए।
- आज का दौर भी कितना अजीब है कमजोर लोगों का मज़ाक उड़ाया जाता है और अकड़ वालों से लोग ईर्ष्या करते हैं।
- गुलामी एक ऐसी जंजीर है कि एक बार अगर इससे बंध गये तो सारी उम्र फिर खुद को छुड़वाना मुश्किल हो जाता है।
- रूठे हुए दोस्त को मनाना अच्छी बात है लेकिन रूठे दोस्त की बात मान ली जाए तो सारे गिले-शिकवे खत्म हो जाते हैं।
- हर जगह हमें अपनी अकड़ भी एक हद तक ही दिखानी चाहिए वरना पुलिस वाले सरकारी मेहमान बनाने में देर नहीं लगाते।
- आज कल लोग चीज़ों की बजाए लोगों को इस्तेमाल करने लगे हैं और चीजों को इस्तेमाल करने की बजाए उनसे प्यार करते हैं।
- खुशी-खुशी जिंदगी जीने के लिए आजादी जरूरी है और आजादी को कायम रखने के लिए निडर और बहादुर बनना पड़ता है।
- एक बार अगर हम 'डर' को हराना सीख लें तो उसके बाद हम दुनिया की हर चुनौती का आसानी से मुकाबला कर सकते हैं।
- गरीब और मजबूर को तो हर कोई डराता है जो थोड़ा-सा तगड़ा और हिम्मत वाला होता है उसके आगे तो सभी सिर झुकाते हैं।
- किस्मत अपने फैसलों से हर किसी को तंग करती रहती है, लेकिन हिम्मत और हौसलें वाले अपने करिश्मों से उसे दंग कर देते हैं।
- जिंदगी को ज्यादा गंभीरता से लेने की जरूरत नहीं होती क्योंकि अगर हम खुद नहीं हंसेंगे तो जमाना हम पर हंसना शुरू कर देगा।

- जरूरत से अधिक समझदार और मूर्ख लोगों की बात पर ध्यान देने की जरूरत नहीं होती क्योंकि यह दोनों ही किसी की नहीं सुनते।
- 'कोरोना' जैसी कुछ ऐसी बीमारियां हमारी जिंदगी में आ जाती हैं जो फिर कभी नहीं खत्म होती, इसलिए ऐसी चीजों से कभी मत डरो।
- आजकल लोग एक दूसरे की भावनाओं से ताश के पत्तों की तरह खेलते हैं जो जीतता है वो भी फैंकता हैं जो हारता हैं वो भी फैंकता हैं।
- डर के कारण जो कुछ आज तक नहीं सोचा आज से वो सोचना शुरू कर दो, क्योंकि आप वो सब कुछ कर सकते हो जो कुछ सोच सकते हो।
- जब तक हम खुद अपने बारे में दूसरों को नहीं बताते कोई भी न तो हमारी कमजोरियों को जान सकता है और न ही उनका मज़ाक उड़ा सकता है।
- आजकल हर चीज़ का हिसाब रखना भी जरूरी है क्योंकि कुछ समय बाद हमारे अपने ही हम से पूछते हैं कि तुम ने हमारे लिए किया ही क्या है।
- आज तक कोई भी व्यक्ति किसी भी कार्य में पूर्ण रूप से निपुण नहीं हो पाया इसलिए कभी भी अपने मन में कमियों को लेकर हीन भावना मत आने दो।
- शुरुआत में हर इंसान को स्टेज पर बोलने से डर लगता है लेकिन एक बार जब वो बोलना सीख जाते हैं तो उन्हें चुप करवाना ही मुश्किल हो जाता हैं।

❖

..14..

अमीर कैसे बनें

सपने तो हम सभी देखते हैं, लेकिन एक सपना ऐसा भी है जो दुनिया का हर इंसान देखता है, वो है कि अमीर कैसे बनें? यह वो सपना है जिसे हर कोई जल्द से जल्द पूरा भी करना चाहता है। क्या कुछ किस्म के लोग ही अमीर बन सकते हैं। क्या अमीर बनने के लिए अलग किस्म की पढ़ाई-लिखाई की जरूरत होती है। लेकिन दूसरी और यह बात भी सच है कि इस दुनिया के चंद सबसे अमीर लोग ऐसे भी हैं जिन्होंने अपने स्कूल या कॉलेज की पढ़ाई भी ठीक से पूरी नहीं की। क्या इन सभी सवालों का जवाब कोई दे सकता है कि अगर एक साधारण इंसान अमीर बनने का ख्वाब देखता है तो वो उसे कैसे पूरा कर पाएगा। आमतौर पर देखने में आता है कि कुछ लोगों पर अमीर बनने का जुनून इस हद तक हावी हो जाता है कि वो असफल होने पर डिप्रेशन में चले जाते हैं। कुछ तो सारी हदें पार करते हुए दुनिया को ही अलविदा कह देते हैं। बुद्धिमान विचारक लोग हमेशा समझाते हैं कि अगर हम गरीब घर में पैदा होते हैं तो उसमें हमारी कोई गलती नहीं होती। लेकिन अगर हम गरीब ही मर जाते हैं तो इस का सारा दोष हमारा अपना ही होता हैं। प्रभु ने हम सभी को सोचने समझने के लिए बुद्धि और ज्ञान दिया है। कर्म करने के लिए हाथ-पैर दिये हैं। एक बार हम इन सभी चीजों का सही ढंग से इस्तेमाल करना शुरू कर दें तो फिर हमें कोई ताकत अमीर बनने से नहीं रोक सकती। अब हम बात करना चाहेंगे कि अमीर बनने के लिए किन बातों का खास ध्यान रखना चाहिए। सबसे पहली ध्यान देने योग्य बात यह हैं कि हम जितनी जल्दी हो सके अपना कोई कारोबार शुरू करें। काम कोई भी छोटा या बड़ा नहीं होता। इसलिए यह कभी नहीं

सोचना चाहिए कि लोग हमारे काम के बारे में क्या कहेंगे। बड़े से बड़ा हीरो भी अपना व्यवसाय जीरो से ही शुरू करता है। इसी के साथ हम कुछ बहुत ही महत्त्वपूर्ण विचार आपको बताना चाहेंगे जिन पर अमल करते हुए आप भी आसानी से अमीर बन सकते हैं।

- सबसे अमीर इंसान अपनी हर समस्या का हल ढूंढना जानता है।
- सबसे धनी लोग कभी भी अपने लक्ष्य से ध्यान को नहीं भटकने देते।
- अमीर लोग हमेशा अपनी कमाई के लिए एक से अधिक स्त्रोत रखते हैं।
- घर हो या महल, बड़े धैर्य से एक-एक ईट को जोड़ कर बनाना पड़ता है।
- दिन के सिर्फ 8 घंटे डयूटी करने से कभी कोई इंसान अमीर नहीं बन पाया।
- छोटी-छोटी बचत किसी भी इंसान को अमीर बनाने में बहुत मदद करती है।
- दुनिया के सबसे अमीर लोग कभी भी छोटी सोच के साथ समझौता नहीं करते।
- अमीर बनने का सपना देखने वाले अपने अंदर की चिंगारी को कभी बुझने नहीं देते।
- अपने भविष्य की चिंता करने वाले सोशल मीडिया पर कम से कम समय गुजारते हैं।
- काम शुरू करने से पहले पैसा पाने की चाह रखने वाले कभी अमीर नहीं बन सकते।
- अमीर बनना है तो ऐसे बनों कि हमारे नौकरों के पास भी बढ़िया-सी गाड़ी और घर हो।
- सफलता के फल पाने के लिए दिमाग को हर दिन ज्ञान रूपी खाद देना जरूरी होता हैं।
- हालात और उम्र से कुछ खास फर्क नहीं पड़ता, अपनी सोच को कभी बूढ़ा मत होने दो।
- दिखावे के लिए हमेशा बड़े नाम या ब्रैंड के लिए अधिक धन खर्च करने से बचना चाहिए।

- अमीर या गरीब रहना हमारी सोच पर निर्भर करता है कि हमें सबसे अच्छा क्या लगता है।
- ज़िंदगी जीने का असली मज़ा भीड़ से अलग निकल कर कुछ करने के बाद ही मिलता है।
- अच्छे संस्कारों और नेकी की राह पर चलने से बड़ी कामयाबी भी आसानी से मिल जाती है।
- अगर हम किसी की नौकरी करते हैं तो अमीर बनने के लिए सबसे पहले उसे छोड़ना होगा।
- आपके पास जो कुछ है और आप उससे संतुष्ट हो तो आप दुनिया के सबसे अमीर इंसान हो।
- जितनी गति से हमारी इच्छाएं बढ़ती हैं उतनी ही गति से चुनौतियां भी हमारे जीवन में आती है।
- काम तो हर इंसान को करना पड़ता है चाहें हम किसी का नौकर बन कर करें या बॉस बन कर।
- अपने बाजार को बड़ा बनाने के लिए हमें पहले अपने रिश्तों को मजबूत करने की जरूरत होती है।
- अच्छा पैसा और नाम कमाने के बाद ही हम अपना जीवन आसानी से अपनी शर्तों पर जी सकते हैं।
- दुनिया की सबसे खूबसूरत चीजों का सुख भोगने के लिए त्याग और संघर्ष भी बड़ा करना पड़ता है।
- अभी तक किसी भी सरकार ने सोचने पर कोई टैक्स नहीं लगाया है इसलिए जब भी सोचो बड़ा सोचो।
- हमारी योग्यता से कहीं अधिक हमारी सोच और नजरिया हमारे जीवन की दशा और दिशा तय करते हैं।
- नाम, पैसा और शोहरत कमाना चाहते हो तो एक दिन में कम से कम 20 घण्टे काम तो करना ही पड़ेगा।
- सबसे अच्छा ज्ञान, अच्छी सेहत और खुश रहने वाले व्यक्ति दूसरों के मुकाबले जल्दी सफल हो जाते हैं।

- राह से भटकाने वाले तो बहुत मिल जाते हैं मंजिल तक पहुंचने के लिए केवल एक संकल्प ही काफी है।
- जीवन में आर्थिक परेशानियों से बचना चाहते हो तो कभी भी अपनी कमाई से अधिक पैसा खर्च मत करो।
- बड़ा नाम और अधिक पैसा कमाने के लिए इतना पैसा कमाओ कि वो पैसा आपके लिए पैसा कमाने लगे।
- नाम, पैसा, शोहरत कमा कर बड़ा बनना का ख्वाब देख रहे हो तो दूसरों को 'ना' कहना भी आना चाहिए।
- सिर्फ सपने देखने से पूरे नहीं होते, सपनों को पूरा करने के लिए जी-जान से पसीना भी बहाना पड़ता है।
- अमीर लोग अमीर बनने के लिए प्रतिबद्ध होते हैं जबकि गरीब आदमी अमीर बनने की सिर्फ इच्छा रखते हैं।
- हम हर चीज को अपना बना सकते हैं, लेकिन एक साथ आज तक कोई भी सब कुछ अपना नहीं बना पाया।
- जब कभी व्यापार में कोई नुकसान हो जाए तो उसके दर्द को कभी किसी के साथ शेयर नहीं करना चाहिए।
- बहुत सारे लोग हमारे लक्ष्य से सहमत नहीं होंगे लेकिन यह उनकी सोच है जिसे हम कभी बदल नहीं सकते।
- यदि हम सभी लोगों को 'हाँ' कहते रहेंगे तो अपनी तरक्की के लिए अनमोल समय को बेकार में ही गंवा देंगे।
- आज कल सिर्फ मेहनत करने से पैसा नहीं कमाया जा सकता उसके लिए स्मार्ट बनने की भी जरूरत होती है।
- हर बार किस्मत को दोष देने से कुछ नहीं होता, इरादे मजबूत बना लो किस्मत खुद-ब-खुद ही बदल जाएगी।
- जीवन के बड़े लक्ष्य धीरे-धीरे प्रयास करने से ही मिलते हैं लेकिन हार मानने वालों को तो कुछ भी नहीं मिलता।
- पैसे को लगातार बढ़ाते रहने के लिए हमारी जो भी कमाई हो उसका कुछ हिस्सा जरूर बचा कर रखना चाहिए।

- जब तक बहुत जरूरी न हो कोई भी चीज सिर्फ दूसरों को प्रभावित करने के लिए बेकार में नहीं खरीदनी चाहिए।
- हम जैसे भी हैं वैसे ही अच्छे हैं, हमें कुछ अनूठा करने के लिए दूसरों की नकल करने की कोई जरूरत नहीं होती।
- हम जितना पैसा चाहे उतना कमा सकते हैं लेकिन जिंदगी में सिर्फ पैसा कमाने का लक्ष्य कभी नहीं रखना चाहिए।
- कोई भी बड़ा कारोबार शुरू करते समय पैसे से भी पहले दिमाग को सही ढंग से इस्तेमाल करने की जरूरत होती है।
- महान इंसान बनना चाहते हो तो सुबह 5 बजे से पहले जितनी जल्दी उठ सकते हो उतनी जल्दी उठना शुरू कर दो।
- जो लोग हमें बड़ा काम करने के लिए मना करते हैं अक्सर उनके दिल में यह डर होता हैं कि यह तो जरूर कर लेगा।
- हर इंसान अधिक से अधिक पैसा कमाने की इच्छा रखता है लेकिन सिर्फ इच्छा पालने से कभी कोई अमीर नहीं बन पाता।
- अमीर बनने के दो ही रास्ते हैं पहला एक-एक पैसे को बहुत संभाल कर रखिए। दूसरा पहले नियम को कभी अनदेखा मत करो।
- कारोबार में उतार-चढ़ाव तो आते ही रहते हैं लेकिन कभी भी किसी को अपने आर्थिक हालात की सारी जानकारी नहीं देनी चाहिए।
- जिस काम को हम दिल से पसंद करते हैं अगर उसे ही हम अपना पेशा बना लें तो फिर अमीर बनना काफी आसान हो जाता है।
- जब समय कम हो और काम अधिक तो हमें कोशिश कर के एक साथ 2-3 काम पूरा करने का प्रयास करना चाहिए।
- अगर अभी तक आपके पास सबसे महंगी कार नहीं है तो इसका मतलब यही है कि आपको अभी और काम करने की जरूरत है।
- इस दुनिया में पैसा ही सब कुछ नहीं होता प्यार भी बहुत बड़ी चीज है, लेकिन कुछ लोग सिर्फ पैसे से ही प्यार करना जानते हैं।
- अमीर बने रहने के लिए जरूरी है हम अपने अहंकार को भूल कर हर किसी से कुछ न कुछ नया सीखने की कोशिश जारी रखें।

- एक दिन आप जिंदगी में बहुत खुश होंगे जब आप पीछे मुड़ कर देखोगे और कहोगे कि अच्छा हुआ उस समय मैने हार नहीं मानी।
- अगर हम अपने ग्राहकों से अच्छा तालमेल कायम करने में कामयाब हो जाते हैं तो फिर हमारा व्यापार काफी आसानी से बेहतर बनने लगता है।
- यदि आप खुद को अमीर इंसान महसूस करना चाहते हो तो सबसे पहले उन चीजों को गिनों जो पैसे से नहीं खरीदी जा सकती।
- नाम और शोहरत पाने के लिए हमें अकेले ही मेहनत करनी पड़ती है क्योंकि कोई भी दूसरा व्यक्ति हमारे लिए यह काम नहीं कर सकता।
- धनी लोगों के पास बेशक कितना भी पैसा क्यूं न हो वो फिर भी भविष्य के लिए कोई न कोई नई योजना बना कर उस पर काम करते रहते हैं।
- सबसे अमीर लोगों से यदि पूछा जाए कि उनके पास शुरू में क्या कुछ था तो सभी का एक ही जवाब होता हैं सिर्फ एक सकारात्मक विचार।
- रात को सोने से पहले हमें अपने सभी कार्यों का विश्लेषण जरूर करना चाहिए कि कौन-कौन से कार्य ठीक से पूरे हो चुके हैं और क्या कुछ बाकी है।
- अमीर बनने के लिए सबसे पहले समय की कीमत को समझना होगा क्योंकि जो हर समय व्यस्त होने का रोना रोते हैं वो असल में अस्त-व्यस्त होते हैं।
- जब तक हमारे पास फालतू का समय है हम सबसे अमीर नहीं बन सकते क्योंकि अमीर लोगों के पास पैसा तो बहुत होता है पर समय बिलकुल भी नहीं।
- रात को सोने से पहले यदि हम अगले दिन के कार्यों की सूची बना लें तो सुबह उठ कर हमें यह नहीं सोचना पड़ता कि आज हमें कहां से शुरुआत करनी है।
- दुनिया के सबसे अमीर लोग अपने सभी गैरजरूरी काम दूसरे लोगों से करवाते हैं। वो अपना अधिक से अधिक समय कारोबार को बढ़ाने के लिए इस्तेमाल करना पसंद करते हैं।

सोशल मीडिया से बिजनेस

एक चीज तो हम सभी देख रहे हैं कि वक्त के साथ काम करने के तरीके भी तेजी से बदलते जा रहे हैं। कुछ समय पहले तक लोग सिर्फ नौकरी कर के या अपने कारोबार, व्यापार से पैसा कमाते थे। परंतु आज इंटरनेट ने सारी दुनिया को बदल कर रख दिया हैं। घर बैठे ही मोबाइल फोन और कंप्यूटर की मदद से सारे काम आसानी से ऑनलाइन होने लगे हैं। आप को जानकर हैरानगी होगी कि पिछले कुछ समय में आम लोगों ने 50 प्रतिशत से अधिक का व्यापार इंटरनेट के माध्यम से किया है। कहने का भाव सिर्फ इतना है आज के समय में यह जरूरी नहीं कि हम लाखों-करोड़ों रूपये लगा कर बड़ा सा शौरूम खोल कर ही अपना बिजनेस शुरू कर सकते हैं। आपके पास किसी किस्म का भी हुनर है तो आप घर बैठे लाखों रूपये कमा सकते हैं। हर किस्म का माल आसानी से ऑनलाइन बेचा और खरीदा जा रहा है। आप भी अगर सोशल मीडिया के माध्यम से पैसा कमाने चाहते हैं तो आइये जानने की कोशिश करते हैं इस तकनीक से हमें कैसे लाभ हो सकता है।

- आने वाले समय में हम हर दिन इंटरनेट पर और अधिक निर्भर होते जाएंगे।
- इंटरनेट की मदद से हम एक साथ कई जगह से कमाई के साधन बना सकते हैं।
- सोशल मीडिया एकमात्र ऐसा माध्यम हैं जहां हम अपने शौक से भी पैसा कमा सकते हैं।
- सोशल मीडिया का सबसे अधिक फायदा उन्हीं लोगों को होता है जिनका सोशल दायरा बड़ा होता है।
- सोशल मीडिया पर हम सिर्फ कहानियां सुना कर, अपनी आवाज बेच कर भी बहुत सारी कमाई कर सकते हैं।
- सोशल मीडिया से पैसा कमाने का एक नुकसान यह है कि आप इससे जितनी देर दूर रहेंगे उतना कम पैसा कमा पाएंगे।

- सोशल मीडिया की जड़ें हर दिन और गहरी होती जा रही है, हमें सिर्फ यह देखना है कि हम इसका लाभ कैसे ले सकते हैं।
- हर व्यक्ति के पास एक दिन में 24 घण्टे होते हैं, हम इनका अधिक से अधिक उपयोग करते हुए बेशुमार दौलत कमा सकते हैं।
- हमें अपने माँ-बाप की बहुत इज्जत करनी चाहिए क्योंकि उन्होंने अपनी सारी पढ़ाई-लिखाई बिना गूगल की मदद के पूरी की थी।
- इंटरनेट की कुछ ऐप्स एवं बारीकियों को समझने वाले जानते हैं कि जब वो सो रहे होते हैं उस समय भी उनका कंप्यूटर पैसा कमा सकता है।
- अमीर बनने के लिए हर समय दौड़ धूप करने की जरूरत नहीं होती आज के दौर में बहुत सारे युवा अपने मोबाइल फोन से भी घर बैठे कारोबार कर रहे हैं।
- आज हर इंसान कुछ नया सीखना चाहता है और उसके लिए अच्छी कीमत भी अदा करने के लिए तैयार है। अब हमें देखना है कि हम उन्हें क्या कुछ नया सिखा सकते हैं।

❖

..15..

जिंदगी जीने का अनूठा अंदाज

जब हम छोटे होते हैं तो हमें लगता है कि बड़े होने पर जिंदगी बहुत मज़ेदार हो जाती है। परंतु जैसे ही हम बड़े होते हैं हमारी जिम्मेदारियां बढ़ने लगती हैं। इन जिम्मेदारियों को निभाते हुए हम यह भूल जाते हैं कि जिंदगी का मकसद क्या है। यह बात सच है कि जिंदगी देना और लेना प्रभु के हाथ में है। लेकिन जब तक जिंदगी हमारे पास है उसे अलग अंदाज में कैसे जीया जाए यह हमारे हाथ में होता है। लेकिन हम में से अधिकतर लोग अपनी जिंदगी के इन पहलुओं को ठीक से समझ नहीं पाते। चंद लोग तो जिंदगी को हंसी-खुशी गुनगुनाते हुए गुजारने का हुनर सीख लेते हैं। बाकी लोग तनाव, चिंता के बोझ में इतना अधिक दब जाते हैं कि सारी उम्र उनका चेहरा मुरझाए हुए फूल की तरह लटका रहता है। यहां एक प्रश्न पर विचार करना जरूरी है कि भगवान ने हाथ पैर, नाक, कान, मुंह और बोलने के लिए जीभ आदि सभी को एक जैसी दी है। फिर ऐसी क्या बात है कि सिर्फ कुछ लोग ही अपने जीवन में खुशियों के रंग भर पाते हैं। हम अपने अनुभव के आधार पर एक बात पूर्ण विश्वास से कह सकते हैं कि हमारी जिंदगी बिलकुल वैसी ही बनेगी जैसा हम अपने शरीर के इन अंगों का इस्तेमाल करते हैं। कोई इंसान अपने हाथ-पैरों से नेक काम करना शुरू कर देता है तो कुछ आसमाजिक कार्यों में लिप्त हो जाते हैं। जैसे-जैसे कर्म हम करते जाते हैं उसी के मुताबिक हमारी जिंदगी की गाड़ी आगे बढ़ती रहती है।

अब अगर जीवन को खुशहाल बनाने की बात की जाए तो बड़ी-बड़ी खुशियों का इंतजार करने से कुछ नहीं होगा। जब भी मौका मिले अपने करीबी दोस्तों, परिवार वालों के साथ खुशियों का आनंद लेते रहें। यह

छोटी–छोटी खुशियाँ हमारे जीवन में एक अलग ही किस्म का जोश और उत्साह भर देती है। हमारे रिश्तों को इतना मजबूत कर देती है कि हमें कभी लगता ही नहीं कि हम बिलकुल अकेले हैं। हर तरह की परेशानी में कोई न कोई साथी हमारे साथ खड़ा होता है। काम–काज, कारोबार की परेशानियां तो आती–जाती रहती है लेकिन इन चीजों को कभी भी अपनी खुशियों पर हावी न होने दें। कभी–कभार अगर किसी से कोई आपसी मनमुटाव हो जाए तो एक छोटा सा शब्द 'माफी' बहुत ही अहम भूमिका निभा सकता है। माफी शब्द इतना अधिक प्रभावशाली है कि यह हर प्रकार के तनाव, डिप्रेशन को पनपने से पहले ही नष्ट कर देता है। अब तो आप भी समझ गये होंगे कि इस दुनिया में कोई भी चीज़ शुरू में खूबसूरत नहीं होती लेकिन आदमी अपनी निपुणता के दम पर उसे सब से बेहतरीन बना सकता है। इन विचारों को जानने के बाद आप भी अपनी जिंदगी जीने के अंदाज को जरूर बदलना चाहेंगे। नीचे लिखे हुए टिप्स को अपना कर आप आसानी से जिंदगी जीने का अलग अंदाज बना सकते हैं।

- दुनिया को झुकाने से पहले हमें खुद झुकने का हुनर आना चाहिए।
- हमारे मन में डर बाहर से नहीं बल्कि हम खुद ही पैदा करते हैं।
- जिंदगी को अलग अंदाज से जीने वाले बड़े करिश्में करने से नहीं डरते।
- सपनों को हकीकत में बदलने के लिए अनुशासन के पुल से गुजरना पड़ता है।
- आजकल लोग महफिलें तो अपनी सजाते हैं लेकिन बुराईयां जमाने की करते हैं।
- आज का दौर भी कितना अजीब है, हर नमस्कार के मतलब कई हज़ार होते हैं।
- जिंदगी जब सबसे अधिक मायूस करती है तभी इसकी असलियत महसूस होती है।
- करीबी लोगों से बच कर रहना चाहिए क्योंकि खबर हो या कब्र यही लोग खोदते हैं।

- आशा, उम्मीद और सपनों को बेचने का हुनर रखने वाले सब कुछ बेच सकते हैं।
- हंसी-खुशी के बिना बिताया हुआ समय ही हमें चिंता और तनाव की तरफ धकेलता है।
- हम इस दुनिया में हंसी-खुशी जिंदगी जीने के लिए आए हैं कष्ट सहने के लिए नहीं।
- दुनिया वालों के साथ कभी भी यारी निभा कर देख लो, बारी-बारी सभी बदलते जाएंगे।
- जब तक हम दूसरों की बातें बेकार में सहते रहेंगे लोग तो कुछ न कुछ कहते ही रहेंगे।
- आजकल दोस्त भी वक्त की तरह हो गये हैं कोई भी अधिक समय तक नहीं टिक पाता।
- हमारे अपने विचारों से अधिक हमें इस दुनिया में कोई भी चीज प्रभावित नहीं कर सकती।
- एक बार अकेले बैठ कर तसल्ली से सोचना आप सच में बहुत बुद्धिमान और ताकतवर हो।
- हम खुद को अभी तक नहीं समझ पाए पर दुनिया वाले हमें न जाने क्या-क्या समझते हैं।
- डर से सिर्फ वही लोग सबसे अधिक डरते हैं जो हर समय डर के बारे में सोचते रहते हैं।
- बहुत सारी बातें सिर्फ दिमाग से ही नहीं बल्कि दिल से भी सोचनी और समझनी पड़ती है।
- हमारा साहस और हिम्मत ही हमें यह सिखाती है कि किसी से डरने की कोई जरूरत नहीं।
- अपने भविष्य की रूप-रेखा तय करते समय कभी भी 'डर' को अपने नजदीक मत आने दो।
- अपनी बात दूसरों को समझाने के बहुत सारे तरीके होते हैं, सबसे बेहतर होता है चुप रहना।

- जिंदगी से जुड़े सवाल कठिन जरूर होते हैं लेकिन अक्सर उनके जवाब काफी सरल होते हैं।
- हालात हमें नया कुछ नहीं सिखाते बल्कि वो सिर्फ हमारा परिचय हमारी क्षमता से करवाते हैं।
- खुद को बेशक सारी उम्र तराशते रहो, जमाने वाले फिर भी कोई न कोई कमी ढूंढ़ ही लेते हैं।
- एक बार कुछ भी खोने का डर मन से निकाल दो, बाकी के सभी डर खुद ही खत्म हो जाएंगे।
- जो डर से नहीं डरते उनके आगे बड़ी से बड़ी परेशानी भी घुटने टेकने पर मजबूर हो जाती है।
- आजकल अपनो से अच्छे तो दुश्मन हैं जो कम से कम इतना तो कहते हैं कि 'तुझे छोड़ेंगे नहीं'।
- मूर्ख लोगों के सामने मूर्ख बन कर, मूर्खता वाली भाषा बोल कर ही उन्हें समझाया जा सकता है।
- ऐसे लोगों से सदा बच के रहना चाहिए जो आग से नहीं बल्कि दूसरों की तरक्की से जलते हों।
- थोड़ा-बहुत डर तो हर किसी को सताता है लेकिन साहसी इंसान डर के कारण कभी हारते नहीं।
- आजकल अपनी जैसी सोच वाले बहुत कम लोग मिलते हैं इसलिए खुद से प्यार करना सीख लो।
- सबसे गुणी व्यक्ति अपने लिए ऐसे लक्ष्य बनाते हैं जिसके बारे में दूसरे लोग सोच भी नहीं सकते।
- बरसों पुरानी बुरी आदतें बदली तो जा सकती है पर यह काम एक दिन में मुमकिन नहीं हो पाता।
- शेर को शिकार करते देखना हो तो चिड़ियाघर नहीं बल्कि उसके लिए हमें जंगल में जाना होगा।
- इस दुनिया में हर इंसान झूठ बोलता है अगर एतबार न हो तो उसका हालचाल पूछ कर देख लो।

- जिंदगी में जब भी कुछ करो तो ऐसे काम करो कि लोग आपको टी.वी. में देखें सी.सी.टी.वी. में नहीं।
- जिंदगी के बारे में सब कुछ सीखने से पहले हमें यह भी सीखना चाहिए कि जिंदगी कैसे जी जाती हैं।
- घर में अपनी सारी चीजें सही जगह पर और बाहर लोगों को उनकी औकात में रखना जरूरी होता है।
- आज से अगर हम नए अंदाज से जीना चाहते हैं तो सबसे पहले दूसरों का बुरा सोचना छोड़ना होगा।
- लोग चाहे हर दिशा से वार करे परंतु हिम्मत और हौसला रखने वाले उन्हें फिर भी बेकार कर देते हैं।
- असल में डर खुद ही बहुत डरपोक होता है बहादुर व्यक्ति को देखते ही वो खुद ही दूर भाग जाता है।
- आज के समय में लोग देखने में तो जिंदा दिखाई देते हैं लेकिन न जाने अंदर से क्यूं मरते जा रहे हैं।
- जीवन में कभी किसी को ज्ञान आसानी से नहीं मिलता बल्कि हमेशा ठोकरे खाने से ही हासिल होता है।
- जो इंसान बिना किताबों के पढ़ाई कर के पास हो जाते हैं वही जिंदगी में सबसे अधिक सुखी रह पाते हैं।
- जीवन में बेचैनी से बचने के लिए कभी भी किसी के डर या दबाव के कारण गलत काम नहीं करने चाहिए।
- दूसरों की फिक्र करना अच्छी बात है लेकिन इतनी भी मत करो कि लोग आपकी फिक्र करना ही भूल जाएं।
- हम हर किसी की मदद तो नहीं कर सकते लेकिन हर कोई किसी न किसी की मदद जरूर कर सकता है।
- किसी भी विषय के बारे में जरूरत से अधिक सोचने पर भी 'दुविधा' की जड़ें और अधिक गहरी हो जाती है।
- हमारा आत्मविश्वास इतना मजबूत होना चाहिए कि कोई हमें पसंद करे या न करे हमें उससे कुछ फर्क न पड़े।

- जीवन में दुःख, परेशानियां, कठिनाईयां तो हर मोड़ पर मिलती ही रहेगी आप हंसते-मुस्कराते आगे बढ़ते रहो।
- कुछ नादान लोगों से भी दोस्ती रखनी चाहिए क्योंकि मुसीबत के समय अक्सर समझदार लोग धोखा दे देते हैं।
- जिंदगी को खुशहाल बनाने का सबसे आसान एक ही तरीका है कि बीता हुआ सुख हो या दुःख उसे भूल जाओ।
- बड़ी कामयाबी हासिल करनी है तो सबसे पहले अपने मन में नए विचार और नई कल्पनाओं को पैदा करना होगा।
- डर को खत्म करने का सब से अच्छा सबक हम छोटे बच्चों से सीख सकते हैं, उन्हें किसी चीज से डर नहीं लगता।
- जब भी मौका मिले थोड़ा-बहुत हंस लिया करो, थोड़ा-बहुत रो लिया करो यह जिंदगी बहुत जल्द खत्म होने वाली है।
- विद्वान लोग बताते हैं कि बुरा वक्त कितना भी परेशान क्यूं न कर लें, एक दिन उसका भी बुरा वक्त आ ही जाता है।
- हमारे अंदर अपने विचारों को बदलने की हिम्मत होनी चाहिए उसके बाद दुनिया वालों को बदलने में देर नहीं लगती।
- आजकल पैसे से तो बहुत सारे लोग एक दूसरे की मदद कर देते हैं लेकिन समय देना बहुत मुश्किल होता जा रहा है।
- आजकल लोगों को समझने में समय बेकार नहीं करना चाहिए क्योंकि हर कोई हमारे हालात देख कर बदलता रहता है।
- वक्त-वक्त की बात होती है इसलिए जो कोई कुछ कहता है उसे कहने दो क्योंकि बहुत जल्द हमारा भी वक्त आएगा।
- आजकल जिंदगी रेलवे प्लेटफार्म की तरह होती जा रही है जहां भीड़ तो बहुत है लेकिन अपना कोई दिखाई नहीं देता।
- ज्ञान को कैसे इस्तेमाल करना है यह बात भी बहुत अहमियत रखती है वरना अर्जुन और दुर्योधन के गुरु तो एक ही थे।
- जो लोग नेक बातों को सुनते, समझते और उनकी समीक्षा करना जानते हैं वो हर चुनौती का मुकाबला भी कर सकते हैं।

- बचपन और जवानी में कोई खास फर्क नहीं होता, बचपन में हम हर बात पर जिद्द करते थे अब समझौता करना पड़ता है।
- कहते हैं कि जिंदगी में आसानी से सफल होने के दो ही तरीके होते हैं, लेकिन अभी तक कोई भी व्यक्ति उन्हें ढूंढ नहीं पाया।
- जो लोग हर समय डर के साये में जीते हैं उन्हें उन गलतियों की सजा भुगतनी पड़ती है जो उन्होंने कभी की ही नहीं होती।
- जो लोग हमारे संघर्ष में साथ नहीं दे सकते उन्हें हमारी सफलता की खुशियों में भी शामिल होने का कोई हक नहीं बनता।
- आजकल दुनियादारी निभाना बहुत मुश्किल होता जा रहा है जब भी हम रिश्ता निभाने की बात करते हैं वो शर्ते बदल देते हैं।
- कोई भी इंसान इस संसार में हमेशा जीने के लिए नहीं आया, इसलिए जितना भी जीना है हंसते–खेलते ही जीना चाहिए।
- जितनी जल्दी हो सकें अपनी भावनाओं को काबू में कर लेना चाहिए वरना यह हमें अपने बहाव में कही और ही ले जाएगी।
- समय के साथ दुनिया के रस्मों–रिवाज भी बदलते जा रहे हैं, जिस किसी से मतलब निकल जाए उसे जिंदगी से निकाल दो।
- अपनी कमजोरियां सिर्फ उन्हें ही बतानी चाहिए जो हमारी भावनाओं को समझ सकें, वरना लोग तो तमाशा बनाते देर नहीं लगाते।
- सफलता की राह पर आगे बढ़ते हुए गिरने से बहुत तकलीफ होती है लेकिन यही ठोकरें ही हमें जिंदगी के असल सबक सिखाती है।
- दूसरों के लिए काम करने से कुछ नहीं होगा, अगर जिंदगी में कुछ अनूठा करना चाहते हो तो अपना समय सिर्फ अपनी तरक्की में लगाओ।
- जिंदगी में हर दिन आने वाली चुनौतियों का सामना करने से मत डरो क्योंकि जिंदगी से भाग कर आज तक कोई भी सुखी नहीं रह पाया।
- लगातार प्रयास करने वालों के हालात तो एक न एक दिन सुधर ही जाते हैं लेकिन उस समय दूसरे कई लोगों के हालात बिगड़ने लगते हैं।
- किसी भी डर को काबू करने का सबसे आसान तरीका यही है कि सबसे पहले उसी काम को करो जिससे हमें सबसे अधिक डर लगता है।

- हम बहुत सारे काम सिर्फ इसलिए नहीं कर पाते कि चार लोग क्या कहेंगे, वो चार लोग सिर्फ आखिर में इतना ही कह सकते हैं 'राम नाम सत्य है'।
- अगर कोई इंसान किसी भी कारण से हमारा अपमान करता है तो हमें यह बात दूसरों को नहीं बतानी चाहिए, इससे हमारी प्रतिष्ठा और कम होगी।
- आजकल के लोग स्वभाव से पत्थर की तरह होते जा रहे हैं बस फर्क सिर्फ इतना सा है कि पत्थर कभी बदलते नहीं और इंसान हर दिन बदलता जा रहा है।
- किसी व्यक्ति के पास ताकत थोड़ी कम हो या अधिक उससे फर्क नहीं पड़ता, साहस के दम पर कोई भी इंसान पहाड़ों को भी अपने पैरों के नीचे ला सकता है।
- आज अगर कोई गलती से भी गिर जाता है तो उसे उठाने कोई नहीं आता, लेकिन अगर कोई थोड़ा भी आगे बढ़ने की कोशिश करता है तो उसे पीछे खींचने के लिए अनेक लोग आ जाएंगे।

❖

..16..

दुनिया को अपना दीवाना बनाओ

गरीब हो या अमीर, स्कूल का छात्र हो या कोई बड़ा नेता हम सभी के मन में एक विचार जरूर आता है कि हम दूसरों को प्रभावित कैसे करें? हम भी आम इंसान से खास कैसे बन सकते हैं। क्या सिर्फ अमीर लोग ही अपने पैसे के दम पर लोगों को अपनी और आकर्षित कर सकते हैं। यहां हमें लाल बहादुर शास्त्री जी का जीवन चरित्र याद आ जाता है। वो प्रधानमंत्री बनने के बाद भी कई बार फटा कुर्ता या धोती पहन कर अपने सारे काम करने के लिए चले जाते थे। लेकिन वो जब भी अपनी बात दूसरे लोगों के सामने रखते थे तो उसे कोई भी नकारने की हिम्मत नहीं कर पाता था। इस मिसाल से यह स्पष्ट हो जाता है कि कोई भी आदमी अपने पहनावे से नहीं बल्कि विचारों से महान बनता है। दुनिया वालों को दीवाना बनाना जितना मुश्किल लगता है असल में यह उतना कठिन काम नहीं है। अगर हम कुछ खास बातों को अपने जीवन में अपना लेते हैं तो कोई भी इंसान हमें अनदेखा करने से पहले दस बार जरूर सोचेगा। हम जब कभी भी अपने अनुभव के आधार पर अपनी बात दूसरों के सामने रखें तो वो इतनी स्पष्ट और प्रभावशाली होनी चाहिए कि सुनने वाले के दिल में उतर जाएं। कुदरत ने हर इंसान को अनमोल हीरे की तरह बनाया है जो जितना अधिक खुद को घिसता है उसकी चमक और महत्त्व उतना ही अधिक बढ़ता जाता है। जो लोग भी हमारे साथ रहते हैं वो जब कभी कुछ अनूठा कार्य करें तो उन्हें उनकी कामयाबी पर 'वाह' बोलना सबसे बड़े तोहफे का काम करता है। यह सच है कि आज तक किसी भी व्यक्ति को नाम और शोहरत एक दिन में नहीं मिली। लेकिन जो एक बार ठान लेते हैं उन्हें यह एक न एक

दिन जरूर मिलती है। इसलिए जहां तक मुमकिन हो पाए अपने हर दिन को कुछ खास बनाते रहो। क्योंकि इसी से हमारी जिंदगी अनूठी बन पाएगी। दुनिया में मिसाल कायम कर के अगर दूसरों को अपना दीवाना बनाना चाहते हो तो कभी भी अपने दिल, दिमाग और भावनाओं की चाबी दूसरे लोगों के हाथ में मत देना। समुद्र में हजारों तरह की मछलिया होती है लेकिन 'शार्क' की जगह आज तक कोई नहीं ले सका। आप भी इस अध्याय के टिप्स को अपना कर ऐसे करिश्में कर पाएंगे जिससे दुनिया आपकी दीवानी हो जाएगी।

- हम जो कुछ भी है हमें सदैव उस पर गर्व करना चाहिए।
- जिंदगी खड़े हो कर सोचने का नहीं बल्कि चलने का नाम है।
- पुरानी आदतों को छोड़े बिना हम नई मंजिल हासिल नहीं सकते।
- हर दिन आगे बढ़ने वाले कभी भी बार-बार पीछे मुड़ कर नहीं देखते।
- दूसरों को प्रेरित करने के लिए हमेशा अपने हौसलें बुलंद रखने चाहिए।
- हर दिन आगे बढ़ने वाले कभी भी अपनी उपलब्धियों से संतुष्ट नहीं होते।
- अपने लक्ष्य के प्रति जुनून रखने वाले कभी भी नींद से दोस्ती नहीं रखते।
- किसी बड़े इंसान की परछाई बनने से अच्छा है कि खुद अपनी पहचान बनाओ।
- हमारे हुनर से ही हमारी पहचान बनती है जिसके बारे में जमाना चर्चे करता है।
- जिंदगी को जीतने के लिए उम्मीदों के साथ जिद्द का होना भी जरूरी होता है।
- हमारे सिवाए कोई दूसरा व्यक्ति हमारे भविष्य को चाह कर भी नहीं संवार सकता।
- दिल में जब कामयाब होने की चिंगारी जल जाए तो दिन-रात छोटे लगने लगते हैं।
- सफलता की सिर्फ इतनी सी कहानी है कि 'मैं कर सकता हूँ, मैं कर के दिखाऊंगा'।

- जब हमारा जुनून पागलपन बन जाए तो किस्मत खुद ही कामयाबी को ढूंढ लाती है।
- महान लोगों के अंदर हर दिन कुछ न कुछ नया करने का जुनून चलता ही रहता है।
- विजेता का दर्जा पाने के लिए हर दिन पानी से नहीं पसीने से नहाना जरूरी होता है।
- पैसा सब कुछ नहीं होता लेकिन हर चीज को पाने के लिए पैसा बहुत जरूरी होता है।
- अगर हम चाहें तो हर नए दिन के साथ सूरज की तरह अपनी चमक बिखेर सकते हैं।
- दुनिया को बदलना चाहते हो तो सिर्फ बातें नहीं कुछ उदाहरण बन कर दिखाना पड़ेगा।
- अगर, मगर और काश के बीच समय गुजारने वालों की तलाश कभी पूरी नहीं हो सकती।
- जीवन में हर दिन कुछ ऐसा करो कि जब भी कोई दूर जाए तो उसे हमेशा पछतावा हो।
- जिंदगी को नई दिशा देने के लिए कई बार बहुत कड़े फैसले लेने की आवश्यकता होती है।
- यह जरूरी नहीं होता कि कुछ खास कर दिखाने के लिए आपके पास कोई बड़ा ओहदा हो।
- जब तक हमारे प्रयासों में कुछ कमी होती है उस समय तक किस्मत भी हमारा साथ नहीं देती।
- हमें खुद को इतना काबिल तो जरूर बनाना चाहिए कि जब हम खड़े हो तो कोई बैठा नहीं रहें।
- हमारा भविष्य हर नए दिन के रूप में हमारे सामने आता है ताकि हम उसे अच्छे से संवार सकें।
- अपने ज्ञान का घमंड तो हम सभी करते हैं लेकिन घमंड के ज्ञान को सारी उम्र नहीं पहचान पाते।

- सिर्फ बातें करने से कुछ नहीं होगा, बात करनी ही है तो कर्मों की करो, दुनिया दीवानी हो जाएगी।
- हमारा हर विचार इतना गुणकारी होना चाहिए कि वो हमारे साथ दूसरों की तकदीर भी बदल सकें।
- बुद्धिमान लोग घड़ी को नहीं देखते वो तो सिर्फ यह देखते हैं कि यह हर पल आगे कैसे बढ़ रही है।
- जो इंसान दूसरों को कुछ भी समझाने से पहले समझना सीख गया उसे फिर कोई नहीं हरा सकता।
- हर इंसान खास होता है, आप भी बहुत स्पेशल हो क्योंकि भगवान बेकार की चीजें कभी नहीं बनाता।
- समाज में केवल उन्हीं लोगों को मान-सम्मान मिलता है जो सदैव सकारात्मक विचार ही साझा करते हैं।
- जिस दिन हमारे मन से डर निकल जाता है उसी समय से हमारे बहुत सारे काम आसान होने लगते हैं।
- हमारे पीछे कौन आ रहा है उसको छोड़ कर यह सोचो कि हमें किस महान हस्ती के पीछे चलना चाहिए।
- सदैव नबंर-1 पर बने रहने के लिए हर दिन नई योजना के साथ बहुत सारी तैयारी भी करनी पड़ती है।
- कुछ अनूठा करने के लिए आगे बढ़ना चाहते हो तो बस इस बात को यहीं खत्म कर के काम शुरू कर दो।
- दूसरों का काम कितना अच्छा है या बुरा उससे अधिक हमें अपना सारा ध्यान अपने काम पर रखना चाहिए।
- बेकार के घमंड से सदा ही बचना चाहिए, अगर रहना ही है तो करीबी लोगों के दिल में जगह बनाई जाए।
- 'कल' हम जिसकी चिंता कर रहे थे वो 'कल' आज आ गया अब बताओ कि क्या करिश्मा कर के दिखाओगे।
- यादों की बजाए सपनों से दोस्ती रखना बेहतर होता है क्योंकि यह हमें हमेशा आगे की ओर ले कर जाते हैं।

- दूसरे लोग आप से जितनी उम्मीद रखते हैं हमेशा उन्हें उस से कुछ अधिक ही देने की कोशिश करनी चाहिए।
- सपनों को जितना जल्दी हो सकें पूरा कर लेना चाहिए क्योंकि यह भी कांच की तरह बहुत जल्द टूट जाते हैं।
- हम बड़े-बड़े काम एक साथ नहीं कर सकते लेकिन प्यार से छोटे-छोटे काम तो आसानी से कर ही सकते हैं।
- जब तक हमारे पास अलौकिक सौंदर्य को देखने की दूरदृष्टि नहीं होती हम दूसरों से बेहतर कुछ नहीं कर पाते।
- अगर हम अपने दिल की बात ठीक से दूसरों को नहीं समझा सकते तो हमारा कोई भी करिश्मा काम नहीं करेगा।
- कुछ लोग हमें कहेंगे कि तुम बहुत बड़े सपने देखते हो, हमें उनको कहना चाहिए कि आप बहुत छोटा सोचते हो।
- अपने अंदर एक ऐसी चिंगारी पैदा करो कि आप न सिर्फ अपनी बल्कि दूसरों की भी किस्मत को भी चमका सकों।
- किसी भी दूसरे इंसान पर हम तभी अच्छा प्रभाव बना सकते हैं जब हमारा उससे प्यार और विश्वास भरा रिश्ता हो।
- सोशल मीडिया सिर्फ मनोरजंन के लिए नहीं है हम इस के माध्यम से लाखों लोगों के दिलों में जगह बना सकते हैं।
- अगर कभी किसी कारण से कोई कानून तोड़ना भी पड़े तो उसके बारे में पहले से पूरी जानकारी जरूर होनी चाहिए।
- बात चाहे पैसा कमाने की हो या आदतों कि कभी भी गुलाम मत बनो, हमेशा मालिक बनने की कोशिश करनी चाहिए।
- प्रेम और प्यार की भाषा से हर बात को कहना बहुत ही आसान होता है और इसकी महक बहुत ही खूबसूरत होती है।
- कुछ लोग जो पूरी तरह से बेवकूफ नहीं होते बस उनके दिमाग के कुछ पुर्जे ढीले होते हैं उनसे बच कर रहना चाहिए।
- किस्मत के दरवाजे जब लंबे समय के लिए बंद होते हैं तो उन्हें खोलने के लिए प्रयास भी थोड़े अधिक करने पड़ते हैं।

- जब तक हम अपनी एक अनूठी पहचान नहीं बनाते उस समय तक लोग हमें पहचानना तो दूर ठीक से जानते भी नहीं।
- हम अगर चाहें तो अपने व्यक्तित्व को इतना मजबूत बना सकते हैं कि हम जहां न भी हो वहां भी सिर्फ हमारी बात हो।
- अच्छे लोगों में बुराई ढूंढ़ना कोई मुश्किल काम नहीं है मज़ा तो तब है जब किसी बुरे व्यक्ति में कोई अच्छाई ढूढीं जाए।
- बेशक देर से बनो लेकिन जिंदगी में कुछ खास जरूर बनो क्योंकि दुनिया वाले सिर्फ हैसियत देख कर ही इज्जत करते हैं।
- आज जहाँ भी हो उससे आगे बढ़ने के प्रयास सदैव करते रहने से ही हम दुनिया को कुछ अनूठा कर के दिखा सकते हैं।
- जो लोग यह सोचते हैं कि वो अपने आधे-अधूरे ज्ञान से दूसरों को आकर्षित कर सकते हैं वो असल में कुछ नहीं कर सकते।
- किसी भी क्षेत्र में सफल होने के लिए हमें सदा इस तरह से तैयारी करनी चाहिए कि बड़े से बड़ा खिलाड़ी भी हमें हरा न पाए।
- आप अगर उस इंसान से मिलना चाहते हो जो आपको सबसे कामयाब बना सकता है तो एक बार अच्छे से आईने को देख लो।
- दूसरे लोगों की बातों से प्रभावित होने की बजाए अपने अंदर इतने गुण पैदा करो कि हर कोई हमारे व्यवहार से प्रभावित हो सकें।
- इस दुनिया में सबसे अधिक सफल बनने के लिए हमें खुद से वादा और दूसरों से थोड़ी ज्यादा मेहनत करने की जरूरत होती है।
- कायदे-कानून का पालन करना अच्छी बात है लेकिन बड़ी सफलता पाने के लिए कई बार कुछ नियमों को तोड़ना भी पड़ता है।
- कोई माने या न माने सफल तो सभी होना चाहते हैं और हकीकत यह भी है कि हर कोई अगर चाहे तो सफल हो सकता है।
- दूसरों से अच्छे परिणाम के लिए हमें अपने दिन के 24 घंटों में से ही अपने करिश्मों के लिए कुछ समय निकालना पड़ता है।
- अगर हम अपनी सोच को रचनात्मक और सकारात्मक बनाने में कामयाब हो जाते हैं तो फिर हर कोई हमारे आसपास ही रहना चाहेगा।

- हमें अपने हर विचार पर अमल शुरू करने से पहले गहराई से सोचना चाहिए क्योंकि यहीं से हमारी सफलता की नींव रखी जाएगी।
- जब भी मौका मिले कोई न कोई 'नेकी' जरूर करते रहना चाहिए क्योंकि कुदरत का नियम है यह वापिस जरूर लौट कर आती है।
- जिंदगी को सफल बनाने का सबसे अच्छा एक ही तरीका है कि कुछ ऐसा करो जिसे जमाना हमारे जाने के बाद भी याद रख पाए।
- जिंदगी में जो कुछ भी करो कुछ खास ढंग से करो ताकि अगर हम हार भी जाएं तो भी जमाना जीतने वालों से अधिक हमें याद रखें।
- अपने पास लोगों की भीड़ एकत्र करने से कुछ नहीं होगा उन्हें अपने विचारों से इतना अधिक प्रेरित करो कि उनका भी जीवन बदल सकें।
- जब अधिकतर लोग हमारी बात से सहमत न हों तो हमें समझ लेना चाहिए कि या तो हमारे विचार बिलकुल गलत हैं या बहुत ही अनोखे हैं।
- यदि हम अपनी हिम्मत, ताकत और गुणों को दुनिया के सामने अच्छे से रख पाते हैं तो कसम से लोग अपने से अधिक हमारे दीवाने हो जाएंगे।
- आम आदमी आसानी से दूसरे लोगों को प्रभावित नहीं कर पाता जबकि एक नेता हर किसी को अपने पीछे लगाने का हुनर बाखूबी जानता है।
- जिन लोगों को हम दिल से चाहते हैं उन्हें बदलने की बजाए खुद में ऐसे बदलाव लाओ कि वो हमारे व्यक्तित्व को देख कर वो खुद ही बदल जाए।
- भगवान बहुत सारी चीजें हमें केवल इसलिए नहीं देते क्योंकि वो अच्छे से जानते हैं कि हमारे पास इतना सब कुछ संभालने की क्षमता ही नहीं हैं।

❖

..17..

आशा और विश्वास का जादू

आशा और विश्वास हमारे जीवन के वो महत्त्वपूर्ण पहलू हैं जो अचानक बहुत बड़े करिश्में कर सकते हैं। आमतौर पर कहा जाता है कि आशा एक ऐसा विश्वास है जो हमारे जीवन में कभी भी उजाला ला सकता है। इस संसार में शायद यही वो दो ऐसे शब्द है जिनकी ताकत कभी खत्म नहीं होती। ज्ञानी लोग हमेशा समझाते हैं कि उम्मीद का साथ जीवन के आखिरी पलों तक नहीं छोड़ना चाहिए क्योंकि कोई नहीं जानता कि कब बाजी पलट जाए। अब अगर विश्वास की बात की जाए तो इसमें इतनी शक्ति होती है कि यह बरसों पुराने अंधकार को मिटा कर एक पल में रोशन कर सकता है। दुनिया का कोई भी महान इंसान हो आज तक कभी किसी को भी कामयाबी पहली बार में नहीं मिली। इसलिए अगर किसी मोड़ पर असफलता से सामना होता है तो डरो मत। दु:ख, कष्ट तो हमारी जिंदगी का हिस्सा है। हम लाख चाह कर भी इन्हें अपने से दूर नहीं कर सकते। कोई व्यक्ति कितना भी ताकतवर क्यूं न हो लेकिन वो हर समय हालात को अपने मुताबिक नहीं बना कर रख सकता। ऐसे में हमें हर समय चुनौतियों का मुकाबला करने के लिए तैयार रहना चाहिए। जैसे ही हमारी तरक्की का कोई रास्ता बंद होता है तो हमें तुरंत दूसरे विकल्प पर विचार करना होगा। एक बार फिर से उम्मीद और आत्मविश्वास को साथ लेकर नए सफर की शुरुआत करो। 'आशा' शब्द में सचमुच वो जादू है जो बहुत सारे करिश्में कर सकता है। यह हर नामुमकिन काम को मुमकिन बना देता है। कुछ लोगों को यह गलतफहमी हो सकती है कि शायद इन विचारों को एक बार पढ़ लेने से ही हमारे जीवन की सभी परेशानियां खत्म हो जाएगी, ऐसा बिलकुल भी मुमकिन नहीं है।

उम्मीद और विश्वास रूपी खज़ाने का लाभ लेने के लिए हमें इन सभी बातों को बहुत गौर से समझना होगा। इसी के साथ लगातार अभ्यास कर के इन्हें अपने जीवन का अभिन्न अंग बनाना होगा। जैसे ही यह बातें हमारे अवचेतन मन में अच्छे से समा जाएंगी हमारी सोच, हमारे नकारात्मक विचारों को सकारात्मक बनने में देर नहीं लगती। आशा और विश्वास जब हमारे साथ चलते हैं तो फिर हमें अपने लक्ष्य के लिए रास्ते तलाशने की जरूरत नहीं पड़ती। बल्कि हम रास्तों के साथ अपनी मंजिल को तराशने लायक बन जाते हैं। हम उम्मीद करते हैं कि निम्नलिखित आशा और विश्वास से जुड़े प्रेरणादायक विचार आपकी हर कल्पना को सुनहरी मौकों में बदल पाएंगे।

- समय की कद्र करने वाले कभी भी दूसरों से पीछे नहीं रह सकते।
- दिल और दिमाग से कमजोर लोग ही सबसे पहले हार मान लेते हैं।
- हर दिन अच्छा सोचो, कुछ ही दिनों में सब कुछ अच्छा होने लगेगा।
- आशवादी सोच रखने वाले इंसान का कभी निराशा से सामना नहीं होता।
- आत्मविश्वास बिलकुल चुप रह कर हमें हमारी मंजिल तक पहुंचा देता है।
- हमें कभी भी अपने भरोसे पर शक और शक पर भरोसा नहीं करना चाहिए।
- निडरता से काम करने वालों को तनाव एवं चिंता कभी परेशान नहीं कर सकती।
- काम कोई भी हो उसे हमेशा शांति और संयम के साथ ही पूरा किया जा सकता है।
- जिस इंसान को खुद पर विश्वास होता है सफलता हमेशा उसके साथ ही चलती है।
- पूर्ण रूप से मन में विश्वास जगाए बिना हम सफलता के बारे में सोच भी नहीं सकते।
- जो कुछ हम कर सकते हैं, हमें हमेशा उससे कुछ अधिक करने का प्रयास करना चाहिए।

- अपने सपनों पर यकीन और दिल में विश्वास रखने वालों की हर इच्छा पूरी हो जाती हैं।
- जिस लक्ष्य की कल्पना मन में रखते हो पूर्ण विश्वास के साथ उस की और आगे बढ़ते रहो।
- जागरूक रहने के लिए अपने दिमाग में हर समय सकारात्मक विचारों रूपी ईंधन डालते रहें।
- छोटी-छोटी सकारात्मक बातों को अपना कर ही हम अपने जीवन में चमत्कार कर सकते हैं।
- उम्मीद का साथ कभी मत छोड़ना क्योंकि कहते हैं कि कल आने वाला दिन बहुत बेहतर होगा।
- उम्मीद से अधिक हासिल करने के लिए मन में बड़ी आशा और विश्वास तो रखना ही पड़ता है।
- हमारा आत्मविश्वास मुसीबत के समय एक मजबूत साथी की तरह हमें सहारा और हिम्मत देता है।
- हमारा फोकस सिर्फ उस समय टूटता है जब कुछ बाहरी चीजें हमें अपनी और आकर्षित करती है।
- अच्छी हो या बुरी हमारी आदतें, स्वभाव और विश्वास का निर्माण सिर्फ हमारा दिमाग ही करता है।
- हम अक्सर एक दूसरे को कहते हैं 'अच्छा फिर मिलेंगे' यही जिंदगी का सबसे बड़ा भरोसा होता है।
- शांति को अपने जीवन का अभिन्न अंग बनाने के लिए हमें दूसरों को "ना" कहना भी सीखना होगा।
- जिंदगी में कामयाब होने के लिए जो भी कार्य करो उसे पूर्ण आत्मविश्वास के साथ ही करना चाहिए।
- जिस फल को पाने की चाह हमें दिल से हो उसे करते समय कोई भी ताकत हमें भटका नहीं सकती।
- दूसरे लोग हम पर विश्वास करें या न करें लेकिन हमें अपना विश्वास कभी कम नहीं होने देना चाहिए।

- जब भी कोई काम शुरू करो तो इतने विश्वास से करो कि हर सपने को हकीकत बना कर दिखाना है।
- उस व्यक्ति से कभी भी झूठ नहीं बोलना चाहिए जो हमारे झूठ पर भी आखें मूंद कर विश्वास करता हो।
- जिन लोगों की इच्छाशक्ति मजबूत होती है उन्हें उनके लक्ष्य से कोई भी आसानी से नहीं भटका सकता।
- यदि हमारा मन काबू में न हो तो बेकार के कई विचार हमें एकाग्रचित हो कर कोई काम नहीं करने देते।
- जिंदगी में कभी भी कोई ऐसा काम नहीं करना चाहिए जिस से हमारा बरसों पुराना विश्वास खत्म हो जाए।
- जब तक हम उम्मीद का दामन नहीं छोड़ते उस समय तक हम सब अपनी हर इच्छा को पूरा कर सकते हैं।
- आजकल लोगों का विश्वास इस कदर टूट चुका है कि सोते हुए आदमी से भी पूछते हैं कि 'सो रहे हो क्या'।
- जब तक हम अपने साथ, अपने अंदर संघर्ष शुरू नहीं करते उस समय कुछ भी अनूठा काम नहीं कर पाएंगे।
- हमारी सोच इतनी मजबूत होनी चाहिए कि दुनिया वाले हमें संघर्ष करते तो देखें पर कभी हारते हुए न देखें।
- दुनिया के सबसे बड़े हीरो वही बन पाते हैं जो सबसे बड़ी चुनौतियों का खुशी-खुशी मुकाबला करना जानते हैं।
- किसी भी कार्य में हम तभी पूर्ण रूप से फोकस कर पाते हैं जब हमें उसके परिणाम के बारे में स्पष्टता होती है।
- एक साथ कई चीजों के बारे में सोच-विचार करने से हम किसी भी खास बात पर ध्यान केन्द्रित नहीं कर पाते।
- जिंदगी को बहुत ज्यादा करीब से भी नहीं देखना चाहिए क्योंकि बहुत सारे चेहरे अजीब से दिखाई देने लगते हैं।
- हम जब तक खुद को अंदर से मजबूत नहीं बनाएंगे उस समय तक मन को शांत करने में कामयाब नहीं हो सकते।

- लगातार अभ्यास करने से कोई भी साधारण इंसान पूर्ण रूप से ध्यान केंद्रित करने में महारत हासिल कर सकता है।
- एक बात हमें कभी नहीं भूलनी चाहिए कि इस दुनिया का हर व्यक्ति हम से किसी न किसी क्षेत्र में बहुत बेहतर है।
- कामयाबी की सीढ़ियों से गिरना एक हादसा हो सकता है लेकिन गिर कर न उठना हमारी कमजोरी को दिखाता है।
- जब तक हमें अपनी प्राथमिकताओं के बारे में ठीक से मालूम नहीं होता तब तक हम खुद को फोकस नहीं रख पाते।
- नई चुनौतियों के आने से ही हमारे बहुत सारे गुण सामने आ पाते हैं वरना तो वो सारी उम्र अदंर ही दबे ही रह जाते।
- अगर हम अपनी बेहतरी के लिए खुद ही समय नहीं निकाल पा रहे तो दूसरे लोग हमारे लिए कैसे कुछ कर सकते हैं।
- आशा और उम्मीद के रंगों को कभी किसी ने देखा तो नहीं लेकिन यह जब भी आती है जिंदगी को रंगीन बना देती है।
- किसी भी खास काम को पूरे फोकस के साथ हम तभी कर पाते हैं जब हम उसके बारे में पूर्ण रूप से जागरूक होते हैं।
- अवचेतन मन की सबसे खास बात यह है कि हमारे मूड को भांप कर खुद-ब-खुद अपना काम करना शुरू कर देता है।
- हमारी जो भी बात अवचेतन मन को ठीक से समझ आ जाती वो उसे फिर ऑटोमैटिक तरीके से खुद ही करने लगता है।
- विश्वास पत्थर को भी भगवान बना देता है और अंधविश्वास भगवान जैसे इंसान को भी पत्थर बनाने की ताकत रखता है।
- जिंदगी तो हर किसी को जख्म देती है वो बात अलग है जीतने वालों को कम और हारने वालों के हिस्से में अधिक आते हैं।
- दिल और दिमाग को शांत बनाऐ रखने के लिए दो चीजें महत्त्वपूर्ण होती है पहली दृढ़ इच्छाशक्ति और दूसरा खुद से संकल्प।
- यदि हमें अपना जीवन बदलना है तो सबसे पहले हमें बाकी के कुछ गैरजरूरी काम छोड़ कर अपने लिए समय निकालना होगा।

- किसी भी काम को शुरू करने से पहले हमें यह गौर से समझना चाहिए कि इसे पूरा करने में एकाग्रता को कैसे बनाए रखना है।
- हमारी मंजिल बेशक कितनी भी बड़ी और दूर क्यूं न हो, हमारी उम्मीद और विश्वास हमें वहां तक पहुंचाने की ताकत रखते हैं।
- हमें अपने अवचेतन मन को जितना जल्दी हो सके काबू करना सीख लेना चाहिए, क्योंकि हमारी जिंदगी को सिर्फ यही चलाता है।
- जहाँ तक हो सकें हमें अपने मन को काबू में रखना चाहिए क्योंकि हमारी अधिकतर परेशानियां हमारे अवचेतन मन से ही उत्पन्न होती है।
- जब तक हमें अपनी जिंदगी का मकसद साफ नहीं होता उस समय तक हम एकाग्रचित हो कर अपने लक्ष्य की तरफ नहीं बढ़ सकते।
- जंगल का राजा शेर भी उस समय आदमी का गुलाम बन जाता है जब वो अपनी असलियत भूल कर लोगों को खुश करने लगता है।
- जीवन में बेशक कितना भी अंधकार क्यूं न आ जाए उसे सिर्फ हमारा ज्ञान ही दूर कर सकता है। इसलिए हर दिन अपना ज्ञान बढ़ाते रहो।
- जब तक हमें यह मालूम नहीं होता कि हम कोई काम क्यूं कर रहे हैं उस समय तक हम अपना ध्यान अच्छे से केन्द्रित नहीं कर पाएंगे।
- बहुत सारी जानकारियां हमारे दिमाग को हमारी आखों के माध्यम से मिलती है, इसलिए जिस भी चीज़ को देखो उसे पूरी एकाग्रता के साथ देखो।
- हमें अपने लक्ष्य से भटकाने का काम सिर्फ बाहरी चीजें ही नहीं बल्कि इस के लिए हमारे अंदरूनी विचार भी बहुत हद तक जिम्मेदार होते हैं।
- यदि हम प्रतिदिन सिर्फ दो मिनट लगा कर अपने अवचेतन मन को अपने लक्ष्य के प्रति बताते रहें तो सफलता पाना बहुत आसान हो सकता है।
- हम अपने जीवन में जो कुछ भी हासिल करना चाहते हैं उसे सबसे पहले बार-बार अभ्यास कर के अपने दिमाग में अच्छे से सुरक्षित रखना होगा।
- यह बात सच है कि छल और बल से बहुत सारे गलत काम किये जा सकते हैं लेकिन प्यार और विश्वास से हम हर किसी का दिल जीत सकते हैं।

- जो लोग अपने अवचेतन मन को अपने हिसाब से प्रोग्राम करने में कामयाब हो जाते हैं उन्हें किसी भी क्षेत्र में सफल होने से कोई नहीं रोक सकता।
- आज के समय में इंसान का चेहरा और कपड़े देख कर उसके बारे में कुछ भी समझ नहीं आता, क्योंकि असलियत तो वक्त ही बताता है।
- आज अगर हम वो काम कर लेते हैं जो दूसरे नहीं कर पाते तो कल हम वो सब कुछ भी कर पाएंगे जिसके बारे में अभी दूसरों ने सोचा भी नहीं होगा।
- अवचेतन मन को जगा कर कुछ भी अनूठे कार्य किये जा सकते हैं, लेकिन अवचेतन मन को जगाने के लिए कुंभकरण को जगाने जितनी मेहनत करनी पड़ती हैं।
- दुनिया के सबसे सफल लोगों में एक बात सामन्य रूप से देखने को मिलती है कि वो किसी भी दूसरी बात की तरफ ध्यान नहीं देते जब तक कि वो अपने लक्ष्य को हासिल नहीं कर लेते।

❖

..18..

कैसे कैसे रिश्ते

रिश्तों के बारे में बात शुरू करते ही बहुत सारे सवाल एक साथ दिमाग में घूमने लगते हैं। कुछ समय पहले तक जो रिश्ते जी-जान से भी अधिक प्यारे होते थे वो आज न जानें क्यूं फीके होते जा रहे हैं। हर रिश्ते में प्यार कम और दिखावा अधिक आता जा रहा है। कभी खून के रिश्तों को अहमियत दी जाती थी। परंतु जिंदगी के सफर में कुछ रिश्ते ऐसे भी बन जाते थे जिन का कोई नाम नहीं होता था। लेकिन ऐसे लोग सारी उम्र सगे रिश्तेदारों से बढ़ कर उसको निभाते थे। हमारे रिश्ते कैसे होने चाहिए, उन्हें कैसे मजबूत तरीके से निभाया जा सकता है, इन प्रश्नों का हल हमें खुद ही खोजना पड़ेगा। हमारे रिश्ते परिवार के साथ हो या दोस्तों के साथ वो हमारी जिंदगी को खुशियों की मिठास से भर सकते हैं। इतना ही नहीं वो हमारी जिंदगी को बेहतर बनाने के साथ दुःख-दर्द को दूर करने की ताकत भी रखते हैं। हम बेशक किसी भी रिश्ते की बात करें एक बात तो पक्की है कि हर रिश्ते की नींव सिर्फ प्यार एवं विश्वास पर ही टिकी होती है। जिस रिश्ते में विश्वास के साथ पारदर्शिता का संगम होता है वो हमेशा अटूट बना रहता है। बरसों पुराना भरोसा अगर एक बार टूट जाए तो कोई भी रिश्ता पल भर में बिखर कर सारी उम्र के लिए तनाव दे जाता है। रिश्तों को मजबूत बनाए रखने के लिए हमें एक बात सदैव याद रखनी चाहिए कि यह नाजुक फूलों की तरह होते हैं। जिसका खयाल हम सभी को रखना पड़ता है। वो जैसे भी हैं हमें उन्हें बिलकुल उसी हालात में ही स्वीकार करना चाहिए। रिश्तों में लेकिन, किन्तु, परन्तु जैसी शर्तें लगते ही दिलों की दूरियां बढ़ने लगती है। कभी भी किसी रिश्ते में जरूरत से अधिक अपेक्षा रखने

से भी मामला बिगड़ जाता है। इसलिए कभी भी किसी से बड़ी अपेक्षा मत रखें। जिस रिश्ते को भी हम करीबी रिश्ता मानते हैं वहां हमें दिल खोल कर बिलकुल साफ बात करनी चाहिए। बातों को बेवजह पर्दे में रखना या उन्हें तूल देने से मनमुटाव के बीज पनपने लगते हैं। आजकल के रिश्ते और रिश्तेदार भी अजीब होते जा रहे हैं। छोटी-सी बात मनवानी हो तो सैंकड़ों बार हाथ जोड़ने पर भी नहीं मानते और जब कोई बात नहीं होती तो बेवजह बुरा मानने में एक पल भी नहीं लगाते। हम सभी को एक बात कभी नहीं भूलनी चाहिए कि शब्द तो हर इंसान के पास एक जैसे ही होते हैं। फर्क सिर्फ इस बात से पड़ता है कि हम उनका इस्तेमाल कैसे करते हैं। शब्दों का सही ढंग से इस्तेमाल किया जाए तो हम दूसरों के दिल में उतर जाते हैं और जरा सी चूक होते ही हम सदा के लिए दिल से उतर जाते हैं। रिश्तों में सदा ही फूलों जैसी महक बनाए रखने के लिए किसी किस्म के दिखावे की जरूरत नहीं होती। थोड़ा-सा प्यार और समय किसी भी रिश्ते को हमेशा जोड़ कर रख सकता है। इन बातों के अलावा नीचे दिये गये चंद शानदार विचार हमारे रिश्तों में से खोखलेपन को मिटा कर उन्हें मजबूत बनाए रखने में बहुत बड़ी मदद कर सकते हैं।

- थोड़ा-सा धैर्य हमारे रिश्तों को मजबूत बनाए रख सकता है।
- दिल के सच्चे और अच्छे लोग सिर्फ बुरे वक्त में ही मिलते हैं।
- कभी भी उन लोगों से दूर मत जाओ जिन्हें आपकी बहुत जरूरत है।
- हमारी जिंदगी की हर शाम एक नया तजुर्बा जरूर सिखा कर जाती है।
- हमारा मूड बेशक कैसा भी हो जिंदगी तो अपनी रफ्तार से चलती ही रहेगी।
- जिंदगी को जीतने के लिए कभी-कभी अपनों से हारना भी अच्छा लगता है।
- एक छोटी-सी गलतफहमी रिश्तों के बीच सबसे बड़ी दूरी पैदा कर सकती है।
- दुनिया वाले केवल उन्हीं लोगों से मिल कर खुश होते हैं जो हमेशा खुश रहते हैं।

- श्रेष्ठ लोगों की बजाए ईमानदार दोस्तों का साथ कहीं अधिक बेहतर होता है।
- अंहकार के चलते एक दूसरे से बिछड़ कर कभी भी कोई सुखी नहीं रह सकता।
- कोई भी रिश्ता दिल की गहराइयों से बनाया जाता हैं पसंद या नापसंद से नहीं।
- बहुत सारे लोग दोस्त बन कर नहीं जिंदगी का सबक बन कर बहुत सिखा जाते हैं।
- सच्चा दोस्त वो होता है जो आपके खुशी भरे संदेश में भी दर्द की झलक देख पाता है।
- कोई भी रिश्ता निभाना हो या छोड़ना हो उसके लिए बस एक बहाना ही काफी होता हैं।
- जो लोग हाथ मिलाने से डरते हो उन से दिल मिलाने के बारे में सोचना भी नहीं चाहिए।
- खुद को हमेशा ऐसे लोगों के करीब रखो जिनके अंदर प्यार पाने और निभाने की भूख हो।
- रिश्तों को प्यार से निभाना हो तो छोटी-छोटी बातों को दिल से कभी नहीं लगाना चाहिए।
- कुदरत का नियम है कि हमें दूसरों से वही सब कुछ मिलता है जो कुछ हम उनको देते हैं।
- सिर्फ गलतियों के कारण ही नहीं बल्कि शक की वजह से भी बहुत सारे रिश्ते टूट जाते हैं।
- कसमें-वादों से अधिक मजबूत होती हैं भावनाएं, हर इंसान को उनकी कद्र जरूर करनी चहिए।
- जब दिल अतीत की यादों में डूबने लगता है तो उस समय अपने करीबी ही धैर्य बंधा सकते हैं।
- हमें उन्हीं लोगों के बीच रहना चाहिए जिन्हें यह चिंता हो कि हमारी जिंदगी कैसी गुजर रही है।
- जैसे-जैसे रिश्तेदार बढ़ते जा रहे हैं रिश्तों की गलियां में आना-जाना मुश्किल होता जा रहा है।

- आज के समय में खामोशी की भाषा समझने वाले अब इस दुनिया में बहुत कम लोग ही मिलते हैं।
- कुछ लोगों की बातें हमें चुभ जाती है और कुछ लोग जब बात नहीं करते तो वो भी बहुत चुभता है।
- दुनिया के लिए हम सिर्फ एक इंसान होते हैं लेकिन कुछ लोगों की सारी दुनिया हमारे साथ होती है।
- जिंदगी का कोई भरोसा नहीं है इसलिए हमेशा अपने करीबी लोगों से नजदिकयां बना कर रखा करो।
- अगर कोई व्यक्ति डिप्रेशन में है तो उसे सलाह देने के साथ अपना थोड़ा-सा साथ और समय भी दें।
- जो सुख में साथ देते हैं वो सिर्फ रिश्ते होते हैं जो दुःख में साथ खड़े होते हैं वो सच्चे फरिश्ते होते हैं।
- पवित्र रिश्तों को निभाने के लिए न तो उन पर जरूरत से अधिक हक रखो और न ही कभी शक करो।
- दुनिया जीतने से कुछ नहीं होता, जिंदगी का आनंद लेने के लिए दिल जीतने का हुनर आना जरूरी है।
- अहंकार के बीज को कभी भी अपने दिल में मत पनपने दो वरना यह सभी रिश्तों को खत्म कर देता है।
- आज के समय में ऐसी दोस्ती बहुत कम ही देखने को मिलती है जिसमें कोई न कोई स्वार्थ न छिपा हो।
- जो दुःख-दर्द हम खुद बर्दाशत नहीं कर सकते उन्हें दूसरों को भी देने का हमें भी कोई हक नहीं बनता।
- किसी खास व्यक्ति के जीवन में आने से या किसी करीबी के जाने से जिंदगी एक पल में बदल जाती है।
- जिंदगी में उन लोगों की बातों को कभी नहीं भुलाना चाहिए जिन से हमें मुश्किल समय में प्रेरणा मिली थी।
- दुनिया में चारों तरफ भीड़ और शोर बढ़ता जा रहा हैं, इंसान फिर भी न जाने क्यूं अकेला होता जा रहा है।
- आज तक कभी किसी के जाने से जिंदगी नहीं रुकी बस जिंदगी जीने का तरीका थोड़ा जरूर बदल जाता है।

- मन में ईर्ष्या रखना एक बोझ की तरह होता है इसलिए जितना जल्दी हो सकें इसे निकाल कर बाहर फैंक दो।
- जिंदगी बहुत छोटी है किसी को माफ कर दो, किसी से माफी मांग लो, अहंकार को साथ ले जा कर क्या करेंगे।
- हर किसी को धन्यवाद कहना भी एक अच्छी आदत होती है, इसे हमेशा के लिए अपने स्वभाव का हिस्सा बना लो।
- आज के दौर में सच्चा प्यार करने वाला कोई हो या न हो, लेकिन साथ चलने वाला एक साथी जरूर होना चाहिए।
- हर किसी की जिंदगी में कोई न कोई ऐसा व्यक्ति जरूर होता है जो हर समय उसके दिल और दिमाग में रहता है।
- 'अपने हैं तो जिंदगी है' - 'जिंदगी है तो अपने हैं' इस छोटी-सी बात से जिंदगी का फलसफा समझा जा सकता है।
- रिश्तों को निभाने के लिए उनकी सिर्फ लंबाई, चौड़ाई ही नहीं बल्कि उनकी गहराई को भी समझना जरूरी होता है।
- जुबान चलाने से पहले हमें दस बार सोचना चाहिए क्योंकि इसके घाव न दुआ से और न ही दवा से ठीक हो पाते हैं।
- चैन से जीना है तो भुला दो उन सभी लोगों को जिन्होंने कभी गलती से भी जाने-अनजाने में हमारा दिल दुःखाया हो।
- सच्चे दोस्तों पर कभी शक नहीं करना चाहिए वरना बहुत सारी बेकार की परेशानियां हमारे जीवन में घर बना लेती है।
- हमारी किसी भी नराजगी के चलते अगर कोई इस दुनिया को छोड़ जाता है तो सबसे अधिक पछतावा हमें ही होता है।
- छल कपट से सदा ही बचना चाहिए क्योंकि प्यार के रिश्ते तो सिर्फ नम्रता और सरलता की नींव पर निभाए जा सकते हैं।
- घर की औरतें बेशक खुल कर सामने नहीं आती लेकिन रिश्तों को जोड़े रखने में उनका भी बहुत बड़ा योगदान होता है।
- परिवार एव दोस्तों के अलावा कभी-कभी अनजान लोगों से भी बातचीत करते रहना चाहिए, सुना है बहुत सुकून मिलता है।
- दोस्त के लिए किसी चीज़ को छोड़ना अच्छी बात है परंतु किसी चीज के लिए अच्छे दोस्त को कभी नहीं छोड़ना चाहिए।

- अच्छी चीजों को प्यार करना अच्छी बात है लेकिन कभी भी किसी चीज को इतना मत चाहों कि हम उसे कभी भुला ही न पाएं।
- सभी रिश्ते हमारी इच्छा मुताबिक नहीं निभ सकते इसके बावजूद भी किसी रिश्ते को एक दम से खत्म नहीं कर देना चाहिए।
- मदद भी अजीब चीज हैं अगर किसी की कर दो तो वो याद नहीं रखता और किसी की न करो तो वो हमेशा याद रखता है।
- आजकल मुँह पर तारीफ करने वाले तो बहुत मिल जाते हैं लेकिन इसका यह मतलब नहीं होता कि वो हमें दिल से भी चाहते हैं।
- जिंदगी का असली मजा तभी आता है जब हम किसी के दिल में जगह बनाने के साथ उसकी जिंदगी का हिस्सा भी बन जाते हैं।
- सिर्फ किसी के आंसू देख कर ही उसके दर्द को नहीं समझा जा सकता कई बार मुस्कराहट के पीछे भी बहुत बड़ा दर्द छिपा होता है।
- जब भी समय मिले कुछ देर अपनों से बातचीत करते रहना चाहिए क्योंकि कल को यदि अपने ही न रहे तो वक्त का हम क्या करेंगे।
- दोस्ती करते समय कभी भी जल्दबाजी नहीं करनी चाहिए और दोस्त बदलते समय तो और भी अधिक सतर्क रहने की जरूरत होती है।
- बड़े होने के बाद ही जिंदगी की सच्चाई मालूम पड़ती है बचपन में तो हर कोई कहता था कि बड़े होते ही जिंदगी मज़ेदार बन जाती है।
- यह सच है कि किताबें हमें बहुत कुछ सिखाती है लेकिन जिंदगी को समझना है तो किताबों से नज़र हटा कर रिश्तों को भी देखना होगा।
- आजकल जिंदगी जीना इसलिए भी मुश्किल होता जा रहा है क्योंकि सच्चे रिश्ते ढूंढने से नहीं मिलते और झूठे रिश्ते निभाए नहीं जा सकते।
- कभी भी किसी कमजोर व्यक्ति से दुश्मनी नहीं करनी चाहिए क्योंकि वो उस समय वार करेगा जिसके बारे में हम ने कभी सोचा भी नहीं होता।
- बेकार के तनाव परेशानी से बचने के लिए अपने करीबी लोगों को कभी भी बदलने की कोशिश मत करो, वो जैसे हैं उन्हें वैसे ही स्वीकार कर लो।
- प्यार और रिश्तों में अनबन तो चलती ही रहती है लेकिन नाराज होने से पहले एक बार इतना जरूर सोच लेना चाहिए कि बाद में हमें मनाएगा कौन।

- हमारे गिले-शिकवे भी उसी व्यक्ति से होते हैं जिससे हम सबसे अधिक उम्मीदें रखते हैं, लेकिन हमें बेवजह शिकायतें करने से सदा ही बचना चाहिए।
- जब कभी मन अशांत होने लगे तो कुछ देर के लिए दोस्तों के साथ हंसी-मज़ाक करने या घूमने-फिरने से तनाव में काफी हद तक कमी आ जाती है।
- जब हम बीमार या बहुत तकलीफ में होते हैं उस समय हमारा पैसा हमारी मदद नहीं कर पाता, इसलिए करीबी लोगों को कभी भी अपने से दूर नहीं करना चाहिए।
- इस दुनिया में कानों से सुनने वाले तो बहुत सारे लोग मिलते हैं लेकिन जिंदगी में कुछ ऐसे दोस्त भी जरूरी होते हैं जो दिल से हमारे दिल की बात सुन और समझ सकें।

स्वार्थी लोगों से सावधान

- उन लोगों से सदा बच कर रहना चाहिए जिनके चेहरे पर कई नाकाब होते हैं।
- जरूरत और मतलब के साथ शुरू किये गये रिश्ते अधिक समय तक नहीं निभ पाते।
- आजकल के लोग जिन लोगों से कोई हुनर सीखते हैं कुछ समय बाद उन्हें ही सिखाने लगते हैं।
- जो हर किसी से दोस्ती निभाने का दावा करता हो वो असल में किसी का दोस्त नहीं हो सकता।
- 'कभी काम पड़ सकता है' आजकल कुछ स्वार्थी लोग रिश्तों को सिर्फ इसी एक वजह से निभा रहे हैं।
- घमंडी लोगों से सदा ही थोड़ा दूर रहना चाहिए क्योंकि वो सिर्फ अपने मतलब के समय ही हमें मिलते हैं।
- आज का दौर भी कितना अजीब है मक्कार और नौटंकीबाज खुद को सबसे अधिक समझदार समझने लगे हैं।
- यह सच है कि खुशी का मज़ा अपनों के साथ ही मिलता है लेकिन गम देने वाले भी कोई अजनबी नहीं होते।

- कुछ लोगों के मकसद भी अजीब होते हैं जैसे 'जब तक सूरज चांद रहेगा' हमें दु:खी करना उनका काम रहेगा।
- कोई भी रिश्ता अपने आप खत्म नहीं होता, कोई न कोई इंसान ही अपने स्वार्थ के लिए उसका कत्ल करता है।
- समय और मौसम तो कुदरत के नियमों के मुताबिक बदलते हैं लेकिन अपने करीबी लोग मौका पाते ही बदल जाते हैं।
- अगर हमारे रिश्ते ठीक से नहीं निभ रहे तो इसका मतलब यही है कि हमने गलत लोगों के साथ रिश्ते जोड़ रखे हैं।
- आजकल जो रिश्ते देखने में जितने करीब लगते उनके नजदीक जाते ही मालूम पड़ता है कि वो हम से बहुत दूर है।
- आजकल वफादारी बहुत कम ही देखने को मिलती है, इसलिए यह जहां से भी मिले उसे संभाल कर रख लेना चाहिए।
- आजकल हर व्यक्ति खुद को 'उस्ताद' समझने लगा है जो भी मिलता है वो जिंदगी का एक नया सबक सिखाने लगता है।
- आजकल अधिकतर लोग सिर्फ इस वजह से तनाव में हैं क्योंकि उनके अपने करीबी लोग ही गैरों जैसा व्यवहार करने लगे हैं।
- हर व्यक्ति किसी न किसी रिश्ते के भ्रम में जीता है जबकि हम सभी जानते हैं कि इस जहान में कोई किसी का नहीं होता।
- खिचड़ी घर में बनें तो सभी को ठीक रखती है लेकिन जब यह दिमाग में पकनी शुरू हो जाए तो सारे घर को बीमार कर देती है।
- लोगों की भोली-भाली शक्लें देख कर उनके अंदर की बात को नहीं जान सकते, अब मोर को देख कर कौन कह सकता है कि यह सांप खाता होगा।
- आज अपनों को और अपनों में छिपे हुए दुश्मनों को पहचानना बहुत मुश्किल होता है। इसलिए जब तक दुश्मन की सारी कमजोरियां न जान जाओ उसे मित्र बनाए रखो

❖

..19..

खुशियों को कहें हाय डिप्रेशन को बाय

हमारे मन में हर समय समुद्र जैसी लहरों की तरह सैकड़ों विचार आते रहते हैं। कभी तो हमारा ध्यान बीते हुए समय में डूब कर हमें परेशान करने लगता है तो कभी यह भविष्य की चिंताओं में खो जाता है। जो कल अभी तक आया ही नहीं, जिसे आज तक किसी ने देखा ही नहीं उसके बारे में यदि हम चिंता करते भी हैं तो हमें क्या हासिल होगा। बड़े से बड़े ज्योतिषी और विद्वान भी भविष्य में होने वाली घटनाओं के रहस्य को आज तक नहीं समझ सकें। ज्योतिषी लोग हमारी जन्मपत्री, कुडंली आदि देख कर हमें अनहोनी घटनाओं से बचने के लिए अनेक उपाय सुझाते रहते हैं। परंतु सच्चाई यह है कि ज्योतिष शास्त्र में किसी किस्म के उपाय का कोई जिक्र नहीं मिलता। हम अभी तक सिर्फ चंद एक ग्रहों के बारे में जानते हैं बस उन्हीं को लेकर हम किस्मत को बनाने और संवारने का यह खेल खेलते रहते हैं। जबकि इन ग्रहों के अलावा भी ब्राहमंड में लाखों-करोड़ों अनगिनत ग्रह हैं जिनके बारे में अभी तक विज्ञान भी कुछ नहीं जान पाया। क्या उन सभी ग्रहों का हमारे जीवन पर कोई प्रभाव नहीं पड़ता। इसलिए अंधविश्वास के चक्करों से निकल कर हमें अपने आत्मविश्वास को बढ़ाने की जरूरत है। एक बार जब हम अपने मन को संतुलित करने में कामयाब हो जाते हैं तो किसी किस्म का डिप्रेशन हमारे नजदीक भी नहीं आ सकता। हमारी परेशानी सिर्फ उस समय बढ़ती है जब हमें सही समय पर कोई रास्ता दिखाने वाला नहीं मिलता। जब तनाव और डिप्रेशन हमें जकड़ने लगते हैं उस समय जरूरत

होती है किसी ऐसे भरोसेमंद व्यक्ति की जो हमें नकारात्मक विचारों के जाल से निकालने में मदद कर सकें। हमारे अंदर जोश और उत्साह का ऐसा जुनून पैदा कर दें कि हम फिर से हर मुश्किल समस्या का डट कर सामना कर पाए। प्रभु न करे कि कभी भी किसी के जीवन में ऐसे हालात बनें। लेकिन कभी इस तरह की परिस्थितियां बन ही जाए तो हमारी मानसिकता इतनी मजबूत होनी चाहिए कि हम उन से खुद को बचा पाए। हम उम्मीद करते हैं कि इस अध्याय में आपको चिंता, तनाव और डिप्रेशन आदि परेशानियों से जुड़े हर सवाल का जवाब मिल पाएगा। इसके बाद आप भी खुशी-खुशी डिप्रेशन को कह पाएंगे बाय-बाय।

- हमारी सोच ही हमारी खुशियां या डिप्रेशन का मार्ग तय करती है।
- आम जिंदगी जीने से मानसिक तनाव पैदा करना कही अधिक कठिन होता है।
- अगर हम सभी आपस में बातचीत करना छोड़ देंगे तो फिर चुप्पी को कौन तोड़ेगा।
- डिप्रेशन के मरीज को सलाह से अधिक हमारे समय और साथ की जरूरत होती है।
- मानसिक तनाव भी अजीब चीज है यह सबसे पहले हमें ही खुद से दूर कर देता है।
- आप जितना सोच रहे हो आप उससे कही अधिक अपने परिवार के लिए अनमोल हो।
- छोटी-मोटी चीजों को बदलना छोड़ो, आप तो दुनिया को बदलने की ताकत रखते हो।
- किसी भी काम की कभी इतनी चिंता मत करो कि जिंदगी का ही काम तमाम हो जाए।
- टेंशन और डिप्रेशन को रोकने के लिए हंसी-मज़ाक से बड़ा कोई टॉनिक नहीं हो सकता।
- मौत कभी भी आ सकती है इसलिए जिंदगी के हर पल का भरपूर आनंद लेते रहना चाहिए।

- किसी किस्म के भी नकारात्मक विचार को एक पल के लिए भी अपने दिमाग में जगह न दें।
- सबसे पहले वो लोग दुनिया को अलविदा कह जाते हैं जो हंसी-खुशी से हमेशा दूर रहते हैं।
- तनाव और चिंता से बचने के लिए हमें अपनी जिंदगी के लक्ष्य अच्छे से तय कर लेने चाहिए।
- जो चीजें हमारी जिंदगी पर सीधा असर डालती हो उन्हें कभी भी अनदेखा नहीं करना चाहिए।
- हम बेशक जिस भी हाल में रहें दुनिया को कोई फर्क नहीं पड़ता वो तो हर पल चलती ही रहेगी।
- छोटे-छोटे मतभेद जल्दी से खत्म कर देने चाहिए वरना एक दिन वो खाई से भी बड़े हो जाते हैं।
- सही समय पर सारे काम सही तरीके से कर लिए जाए तो तनाव, अवसाद नजदीक भी नहीं आते।
- तनाव, डिप्रेशन हमें बाहर से कोई नहीं देता इसलिए हम जब चाहे इसे अपने से दूर कर सकते हैं।
- यह दुनिया बहुत ही खूबसूरत हैं, हमारा डिप्रेशन सबसे पहले हम से इस दुनिया के रंग छीन लेता है।
- परेशानियां तो हर इंसान की जिंदगी में होती है, उन्हें छिपाने की बजाए उनसे लड़ने का हुनर सीखो।
- छोटी-मोटी बातों को ले कर अपनों से अधिक समय तक रूठना ठीक नहीं होता वरना मनाएगा कौन?
- जीने के लिए पैसा कमाना अच्छी बात हैं लेकिन उसके लिए जिंदगी को दांव पर कभी नहीं लगाना चाहिए।
- पानी में डूब कर जान देने से अच्छा है कि अच्छे विचारों में डूब कर नई जिंदगी की शुरुआत कर सकें।
- कोई भी इंसान डिप्रेशन में तभी जाता है जब वो बदलती हुई जिंदगी को समझने से इंकार कर देता है।

- यह सच है कि डिप्रेशन दवाईयों से जल्दी ठीक नहीं होता लेकिन मौत भी तो इसका कोई हल नहीं है।
- डिप्रेशन जब हद से अधिक बढ़ जाता है तो हमें दूसरे लोगों की कोई भी बात बिलकुल समझ नहीं आती।
- डिप्रेशन का सबसे बड़ा एक कारण यह होता है जब हम यह समझने लगते हैं कि हम सब कुछ जानते हैं।
- समय पूरा होने पर तो हर कोई मरता है लेकिन समय से पहले कभी भी मरने के बारे में सोचना भी नहीं चाहिए।
- कुछ लोग दिल और विश्वास तोड़ कर उसके बाद इल्जाम भी हम पर लगाते हैं कि तुम अब बदल गये हो।
- जो अपने भविष्य से प्यार करना और उसे संवारने का हुनर जानते हैं वो कभी भी डिप्रेशन में नहीं जा सकते।
- कोशिश कर के कभी भी डिप्रेशन के मरीज को अकेला मत छोड़ें इससे वो खुद को नुकसान पहुंचा सकता है।
- तनाव के दौर से गुजर रहे रोगी को बेवजह नाराज मत करें, उसकी बातों और काम में भी कमियां न निकाले।
- थोड़ा-सा हंसी-मज़ाक एक टॉनिक की तरह काम कर के अवसाद को हम से सदा के लिए दूर कर सकता है।
- जिंदगी में जब कोई रास्ता दिखाई न दे, कुछ समझ न आए उस समय शांत मन से कुछ देर सो जाना चाहिए।
- हर दिन हमारे जीवन में अनेकों अजीबों-गरीब बातें होती हैं, हर बात को दिल से लगाने की जरूरत नहीं होती।
- फांसी के फंदें पर लटकाना ही है तो नकारात्मक विचारों को लटकाओ, खुद को लटकाने से क्या हासिल होगा।
- डिप्रेशन के रोगी को हमेशा यह लगता है कि वो जो कुछ सोच रहा है, जो कुछ कर रहा है वही सिर्फ ठीक है।
- हमारे तनाव के बढ़ने का मुख्य कारण यह भी होता है कि हम बेवजह दूसरों के मामलों में टांग अड़ाने लगते हैं।

- बाहरी दुनिया के लोग अगर साथ छोड़ भी दे तो घबराना मत क्योंकि हमारे अंदर उससे भी बड़ी एक दुनिया है।
- हमारे दिलो-दिमाग में सकारात्मक विचार हो या न हो लेकिन कभी भी नकारात्मक विचारों को घर मत बनाने दें।
- दुःख-तकलीफें तो हर किसी की जिंदगी में होती है, वो बात अलग है कि कुछ मान लेते हैं तो कुछ झूठ बोल देते हैं।
- अच्छी नींद से तनाव काफी हद तक कम हो जाता है, इसलिए हमें प्रतिदिन 6 से 8 घंटें की नींद अवश्य लेनी चाहिए।
- आमतौर पर देखने में आया है दवाओं से अधिक मरीज को जब प्यार मिलने लगता है तो वो बहुत जल्द ठीक हो जाता है।
- बुरा वक्त आए तो डरने की जरूरत नहीं होती क्योंकि बुरे वक्त का फायदा सबसे अधिक हमारे करीबी लोग ही उठाते हैं।
- डिप्रेशन से बचने का सब से आसान तरीका यही है कि खुद को किसी न किसी रचनात्मक कार्य में व्यस्त और मस्त रखें।
- इधर-उधर बेकार की बातों में समय बेकार करने से अच्छा है कि हम दुनिया की खूबसूरत चीजों के बारे में सोच-विचार करें।
- जो लोग एक बार बड़ी चुनौतियों का मुकाबला करना सीख जाते हैं उन्हें फिर छोटे-मोटे कष्ट कोई तकलीफ नहीं दे पाते।
- अगर माँ-बाप बच्चों को और बच्चे थोड़ा समय अपने घर वालों को देना शुरू कर दें तो तनाव-चिंता घर में आ ही नहीं सकते।
- जो बातें हमारे अंदर मानसिक तनाव पैदा करती है उनका हल कभी भी गुस्से में नहीं बल्कि शांत मन से खोजना चाहिए।
- लोग हमारे बारे में अच्छा या बुरा क्या सोचते हैं, यह उन लोगों की परेशानी है इसलिए हमें इसकी चिंता नहीं करनी चाहिए।
- जब भी दिल और दिमाग पर किसी बात को लेकर बोझ महसूस होने लगे तो तुरंत उसे अपने परिवार वालों के साथ शेयर करें।
- जिस तरह दूसरी बीमारियों में हम डॉक्टर के पास इलाज के लिए जाते हैं, वैसे ही डिप्रेशन में भी इलाज बहुत जरूरी होता है।

- सुबह से रात तक सही मात्रा में पानी पीते रहने की आदत से हमारा दिमाग तरोताजा रहते हुए बेवजह के तनाव को दूर रखता है।
- डिप्रेशन के मरीज को सही समय पर अच्छे खाने की जरूरत होती है जिससे उसे ठीक से नींद आ सकें जो कि बेहद आवश्यक है।
- अपने दिल के राज छिपाना अच्छी बात है परंतु जब यह तनाव पैदा करने लगे तो उन्हें जरूर दूसरों के साथ शेयर कर लेना चाहिए।
- हर समय चिंता और तनाव में रहने वालों को डॉक्टर से अधिक काउंसलर की जरूरत होती है जोकि उनके व्यवहार में बदलाव ला सकें।
- छोटे बच्चों को तो ताकतवर और मजबूत बनाया जा सकता है लेकिन एक टूटे हुए आदमी को फिर से खड़ा करना बहुत मुश्किल होता है।
- इस दुनिया में सबसे बहादुर इंसान वो होता है जो आत्महत्या के बारे में सोचने के बाद भी वापिस लौट कर जिंदगी की नई शुरुआत करता है।
- गुस्सा हर इंसान को आता है लेकिन यह ध्यान रखना चाहिए कि वो हमारे अंदर पक्के तौर पर न बैठ जाए वरना वो हमें डिप्रेशन में धकेल सकता है।
- फकीर लोग समझाते हैं कि जो कुछ हम चाहते हैं अगर वो नहीं मिलता तो हमें समझ लेना चाहिए कि कुदरत ने कुछ और अच्छा लिखा है तकदीर में।
- हर समय तनाव में रहने वाले लोग अपने दिल की बात दूसरों के साथ साझा नहीं करते। वो हर समय अपनी एक अलग ही दुनिया में खोये रहते हैं।
- अगर हम हर दिन थोड़ी बहुत चिंता करते रहते हैं तो कुछ समय बाद हमें समझ आएगा कि हमारी जिंदगी का एक बड़ा हिस्सा डिप्रेशन में ही निकल गया।
- हर समय सोच में डूबे रहने वाले के बारे में कभी भी यह न सोचें कि इसकी तो आदत ही दुःखी रहने की है बल्कि जल्दी से काउंसलर की मदद लेनी चाहिए।
- कुछ लोग सिर्फ दूसरों को परेशानियां खड़ी करना जानते हैं। असल में

वो इस दुनिया के लिए बने ही नहीं होते। बस वो गलती से आ जाते हैं, उन से बचना सीखों।

- जहाँ तक मुमकिन हो सके तनाव के समय घर से बाहर घूमने-फिरने, सैर करने या खाना खाने के लिए जाए इससे मन की उदासी काफी हद तक कम हो जाती हैं
- हम ने ठीक से खाना खाया या नहीं, हम खुश हैं या दुःखी यह सब जानने के लिए आज किसी के समय नहीं है, हमें हर हाल में अपना खयाल खुद ही रखना होगा।
- आत्महत्या करने वाले अक्सर यह सोचते हैं कि इस से उनके सारे दुःख-दर्द खत्म हो जाएंगे, जबकि वो अपने दुःख और तकलीफें अपने परिवार वालों के लिए छोड़ जाते हैं।
- डिप्रेशन के मरीज जब कुछ बोलना चाहें तो उन्हें खुल कर बोलने दें, हमें सिर्फ उनकी भावनाओं को समझने की कोशिश करनी चाहिए, इससे उनका मन काफी हल्का हो जाता है।
- सुबह-शाम पार्क में सैर एवं कसरत करने से शरीर में अधिक ऑक्सीजन पहुंचती है जो हमारी सेहत, याददाश्त को सही बनाए रखने के साथ तनावरहित जिंदगी जीने में बहुत मददगार साबित होती है।
- डिप्रेशन के मरीजों को अक्सर बहुत गुस्सा आता है और वो हर छोटी बात पर झगड़ा करने लगते हैं, ऐसे में थोड़ा धैर्य रखते हुए हमें यह समझना चाहिए कि वह जानबूझ कर नहीं बल्कि बीमारी के कारण ऐसा कर रहे हैं।

❖

..20..

कभी अलविदा न कहना

भगवान ने हमें जिंदगी दी हैं तो उसके साथ कुछ खुशियाँ और कुछ गम भी दिये हैं। इसलिए शायद हर किसी के जीवन में कुछ न कुछ परेशानियां तो हर समय आती ही रहती है। लेकिन इसका यह मतलब नहीं होता कि इन समस्याओं का कोई हल नहीं होता। परंतु कई लोग इनसे घबरा कर चिंता, तनाव और फिर गहरे डिप्रेशन में चले जाते हैं। ऐसे लोगों को अपने चारों ओर हर समय अंधकार दिखाई देने लगता है। उन्हें ऐसा महसूस होने लगता है कि अब इस दुनिया में उनके लिए कुछ नहीं बचा। वो अंदर से इतने टूट जाते हैं कि सभी रिश्ते-नातों को भुला कर दुनिया को अलविदा कह जाते हैं। इस तरह से अचानक जाने वाले अपने पीछे अनेक अनसुलझे सवाल छोड़ जाते हैं जिनका जवाब किसी के पास नहीं होता। यह ऐसे गहरे घाव बन जाते हैं जो मरते दम तक ठीक नहीं हो पाते। घर वाले पागलों की तरह सारी उम्र यह सोच कर दुःखी होते रहते हैं कि आखिर वो ऐसा कौन-सा दर्द था जो उसने खूबसूरत दुनिया को छोड़ कर मौत को गले लगा लिया। एक पल में दुनिया को छोड़ने वाले इंसान के दिमाग में ऐसा क्या चल रहा था जिस के बारे में वो साथ रहते हुए भी बिलकुल नहीं जान पाए। तनाव से गुजरने वाले लोग न जाने किस उलझन में फंस जाते हैं कि वो एक छोटी-सी बात की गहराई के बारे में ही उलझे रहते हैं। ऐसे लोगों के विचारों को समझना सच में बहुत ही पेचीदा होता है। कोई नाकामी, निराशा या हताशा के कारण तो कुछ लोग शांति की तलाश में दुनिया को छोड़ जाते हैं। हम सभी लोग सिर्फ अंदाजा ही लगा सकते हैं लेकिन हर आत्महत्या करने वाले के रहस्य की गुत्थी को अभी तक कोई नहीं सुलझा

पाया। चंद छोटी बातों से घबरा कर जिंदगी को खत्म करना किसी तरह से भी बुद्धिमत्ता नहीं हो सकती। आज अगर हमारे आसपास के हालात हमारे मुताबिक नहीं है तो हम उन्हें बदलने की कोशिश कर सकते हैं। किसी कारण से अगर हम परिस्थितियों को न भी बदल पाए तो हम उन्हें छोड़ कर दूर जा सकते हैं। एक बात तो पक्की है कि समय कभी भी एक जैसा नहीं रहता। वो आज नहीं तो कल जरूर बदल जाएगा। विद्वान लोग अक्सर कहते हैं कि रात कितनी भी काली क्यूं न हो वो आज तक सुबह को आने से नहीं रोक पाई। सूरज की पहली किरण के आते ही अंधकार का नाश हो जाता है। ठीक इसी तरह जैसे ही हमारे जीवन से उलझनें कम होने लगती हैं तो हमें फिर से अपनी जिंदगी खूबसूरत लगने लगती है। इस दुनिया को अलविदा कहने वाले शायद यह नहीं जानते कि उनके जाने के बाद उनके करीबी दोस्त और परिवार के सदस्य अपनी सारी उम्र उन्ही की यादों के साथ ही गुजारने को मजबूर हो जाते हैं।

- खुद को दूसरों के मुकाबले कमजोर समझना सबसे बड़ी नादानी है।
- जिंदगी जीने से कहीं अधिक कठिन है जिंदगी को अलविदा कहना।
- जो लोग जिंदगी को खुल कर जीते हैं उन्हें फिर मौत से डर नहीं लगता।
- इस दुनिया में 'मौत' को छोड़ कर हर समस्या का हल ढूंढा जा सकता हैं।
- जीवन-मृत्यु प्रभू के हाथ में है, हमें उसमें छेड़छाड़ का कोई हक नहीं बनता।
- हालात की परवाह करना छोड़ कर सिर्फ जिंदगी से प्यार करने का स्वभाव रखो
- जो लोग जीते हुए भी जिंदगी जीना भूल जाते हैं उन्हें मौत से बहुत डर लगता हैं।
- जिस दौर से हम गुज़रे हैं अगर कोई और गुज़रता तो वो कब का गुज़र गया होता।
- उस रास्ते पर कभी भी आगे नहीं बढ़ना चाहिए जहां से हम वापिस ही न लौट पाएं।

- किसी के हिस्से में और कुछ हो या न हो 'मौत' सभी को एक दिन जरूर मिलती है।
- शानदार जिंदगी जीने के बाद मौत भी एक साहसिक करिश्में की तरह दिखाई देती है।
- डिप्रेशन उस कर्ज की तरह है जिसे हम ने कभी लिया ही नहीं पर उसे फिर भी चुका रहे हैं।
- जिंदगी पर कभी भरोसा मत करना यह पल भर में किसी भी इंसान को यादों में बदल देती है।
- जिंदगी से जुड़े रहने वाले सदैव खुश रहते हैं क्योंकि पत्ते भी टूटने के बाद भी रंग बदलते है।
- हमारे मरने पर तो कई रोने वाले आ जाते हैं तलाश उस की करो जो हमारे रोने पर मर जाए।
- कोई भी व्यक्ति तभी सबसे अधिक दु:खी होता है जब वो खुद को मोटिवेट करना छोड़ देता है।
- हमें मालूम हो या न हो परंतु हर खुदकशी करने वाले का कोई न कोई कातिल जरूर होता है।
- इस दुनिया में अभी इतना अंधकार नहीं हुआ है कि वो एक 'दीये' की रोशनी को खत्म कर सकें।
- यह सच है कि हर जीवन का अंतिम लक्ष्य मौत ही होता है फिर उसे पाने की जल्दी हम क्यूं करें।
- जिंदगी की राह में आने वाली ठोकरें हमें समझाने, सिखाने और मजबूत बनाने के लिए ही आती हैं।
- सुना है कि मरने के बाद बहुत सुकून मिलता है लेकिन यह बात भी सिर्फ जिंदा लोग ही बताते हैं।
- जिंदगी तो हमेशा ही एक जैसी ही होती है हम ही जरूरत के मुताबिक जीने की वजह बदलते रहते हैं।
- खुशी-खुशी जितना जी सको वही होती है हमारी जिंदगी उसके बाद तो फिर सब कुछ मिट्ट्री ही है।
- किसी दूसरे इंसान की गलती के कारण कभी भी अपने जीवन की खुशियों में आग नहीं लगानी चाहिए।

- आत्महत्या हमारी जिंदगी की वो सबसे बड़ी भूल होती है जिसके लिए हम पछतावा भी नहीं कर सकते।
- छोटी-मोटी अस्थाई परेशानियों के लिए आत्महत्या के बारे में सोचना हमारी सबसे बड़ी बेवकूफी होती है।
- जो हमारी कद्र नहीं करते उनके पीछे हम भागते हैं, जो हमारी कद्र करते हैं उन्हें हम जिंदगी भर रूलाते हैं।
- आत्महत्या से शायद इतने लोग नहीं मरते जितने की निराशा और असफलता से डर कर जीना छोड़ देते हैं।
- हर पैदा होने वाला इंसान मरता तो जरूर है, लेकिन मौत ऐसी होनी चाहिए कि जमाना सदियों तक याद रखें।
- आज तक कोई भी इंसान अपनी मौत के समय को नहीं जान सका, ऐसे में हम उसकी बेकार में चिंता क्यूं करें।
- जीवन में बहुत सारे दर्द और तकलीफें हो सकती हैं लेकिन इसे खत्म करने के लिए यह कारण नहीं हो सकते।
- हम सभी जानते हैं कि हमारी जिंदगी मौत की ओर तेजी से बढ़ रही है परंतु फिर भी हम उसे रोक नहीं सकते।
- डिप्रेशन के चलते चाहे हम खुद को नुकसान पहुंचाए या दूसरों को, यह दोनों ही कुदरती नियमों के खिलाफ है।
- जिंदगी तो हर समय हमें दुःखी करने का कोई न कोई बहाना ढूंढ़ती रहती है लेकिन जैसी भी है, है तो अपनी ही।
- जो कुछ जीवन में खास करना चाहते हो उसे जल्दी से पूरा कर लो क्योंकि आने वाले कल बहुत थोड़े ही बचे हैं।
- जिंदगी के अंतिम फैसले कभी बता कर नहीं आते इसलिए जितना भी समय मिले उसे हंस-खेल कर गुज़ारा करो।
- अगर कभी किसी से मतभेद हो जाए तो बेशक उससे झगड़ा कर लेना परंतु गलती से भी कभी अलविदा न कहना।
- अगर हम जीते जी अपनों को विश्वास नहीं दिला पाए तो क्या गारंटी हैं कि हमारे मरने से उन्हें विश्वास आ जाएगा।
- घड़ी मंहगी हो या सस्ती उससे खास फर्क नहीं पड़ता लेकिन मुश्किल घड़ी में बहुत संभल कर चलने की जरूरत होती है।

- किसी के जाने से इस दुनिया में कुछ बदलता तो नहीं बस उसके परिवार की खुशियां सदा के लिए खत्म हो जाती है।
- एक न एक दिन हर किसी को मरना तो जरूर है, लेकिन आत्महत्या करने से पहले जिंदगी को भरपूर जरूर जी लेना।
- हम दूसरों के लिए जितना अच्छा कर सकें करना चाहिए, इसके बाद भी वो अगर खुश नहीं होते जो उन्हें जाने दो भाड़ में।
- जिंदगी को बदलने में अधिक वक्त नहीं लगता वो बात अलग है कि कई बार वक्त बदलने में सारी जिंदगी लग जाती है।
- हर इंसान किसी न किसी मकसद के साथ जीवन गुजारता है कुछ लोग डिप्रेशन में जीने को ही अपना मकसद मानते हैं।
- हमारे जीवन में बेशक कितनी भी मुश्किलें क्यूं न हों लेकिन उम्मीद नहीं छोड़नी चाहिए क्योंकि अभी कल आना बाकी है।
- दुनिया को अलविदा कहने वालों की बातें शायद हमें इसलिए समझ नहीं आती क्योंकि हम उस दौर से कभी नहीं गुजरे।
- अपनी हर चीज़ से हम प्यार करते हैं फिर जिंदगी से कैसी बेरूखी, यह जैसी भी है अच्छी है या बुरी, है तो हमारी ही अपनी।
- बहुत सारे लोग दुनिया को सिर्फ इसलिए अलविदा कह जाते हैं क्योंकि उन्हें अच्छा गाइड या समझने वाला नहीं मिलता।
- इस दुनिया को एक दिन अलविदा तो हर किसी ने कहना है, लेकिन जब भी जाओ उसी शान से जाओ जिस शान से आए थे।
- अगर कोई व्यक्ति हमें पसंद नहीं करता तो परेशान होने की जरूरत नहीं, उसको बोलो कि अपनी कार ले कर जाए भाड़ में।
- डिप्रेशन वाले मरीज की राय भी अलग-अलग हो सकती है लेकिन वो दूसरे लोगों की अच्छी राय को भी ठीक से नहीं समझ पाते।
- इस दुनिया में कोई भी हमेशा के लिए रहने नहीं आया लेकिन अलविदा कहने से पहले हमें अपनी हर जिम्मेदारी बाखूबी निभानी चाहिए।
- बच्चों को शुरू से दिमागी तौर मजबूत बनाना चाहिए क्योंकि मिट्टी के पक जाने के बाद टूटी हुई चीजों को जोड़ना मुमकिन नहीं होता।
- जीवन अनमोल है इसे किसी भी कीमत पर दोबारा हासिल नहीं किया जा सकता। यह बात थोड़ी कड़वी जरूर हैं लेकिन बिलकुल सच है।

- हम अनजान लोगों के बारे में सोच कर जिंदगी गुज़ार देते हैं लेकिन यह कभी नहीं सोचते कि जब प्रभु से मुलाकात होगी तो वो क्या कहेगा।
- हम सारी उम्र अपने करीबी लोगों को खुश करने में बिता देते हैं, अब मौत को यह मौका क्यूं दें कि वो हमारे परिवार और दोस्तों को रूलाती रहे।
- दुनिया को अलविदा कहने से पहले एक बार हमें यह जरूर सोचना चाहिए कि हम क्या कुछ छोड़ कर जा रहे हैं जिससे जमाना हमें याद रख सकें।
- एक दिन तो सभी को इस दुनिया को अलविदा कहना है, हम बेवजह क्यों जल्दबाजी करें, जब समय आएगा दूसरों की तरह हम भी शान से चले जाएंगे।
- हर इंसान मतलबी होता है, अपना मतलब निकलते ही वो हम से दूर होने लगता है इसलिए कभी भी किसी व्यक्ति से जरूरत से अधिक उम्मीद मत रखो
- हम अक्सर यह सोचते हैं कि मरने के बाद सभी समस्याओं से छुटकारा मिल जाएगा, लेकिन मौत के बाद क्या होता है इस की सच्चाई कोई नहीं जानता।
- इंसान रूपी जन्म एक ही बार मिलता है इसलिए इस दुनिया को अलविदा कहने से पहले कुछ ऐसा जरूर कर के जाओ कि जमाना सदियों तक आपकी मिसाल दे।
- जिंदगी को अलविदा कहने से पहले इतना जरूर सोचना चाहिए कि डाली से टूटा हुआ फूल भी दोबारा नहीं लगाया जा सकता, ऐसे में जिंदगी को वापिस कैसे लायेंगे।
- सारा दिन खुशी-खुशी मेहनत की जाए तो रात को बड़ी ही सुकून भरी नींद आती है, इसी तरह जीवन को अच्छे से गुजारा जाए तो मौत भी शानदार ढंग से आती है।
- हम में से कुछ लोग निजी परेशानियों से घबरा कर आत्महत्या करने की सोचने लगते हैं जबकि हमारे जवान हर समय मौत को सामने देखते हुए भी बार्डर पर डटे रहते हैं।

❖

..21..

मजेदार असरदार विचार

पुस्तक के आखिरी अध्याय तक पहुंचते हुए हम ने जिंदगी के हर पहलू को अच्छे से समझ लिया है। यह बात तो साफ है कि आने वाले हर दिन के साथ चुनौतियां तो हमारी जिंदगी में आती ही रहेंगी। हम यह भी जान चुके हैं कि हर समस्या का हल सिर्फ हमारे पास ही होता है। यह बात हम इसलिए कह रहे हैं क्योंकि दूसरा कोई हमारी परेशानियों के बारे में हम से अच्छा जानता ही नहीं। इसलिए चिंता या डिप्रेशन में डूब कर हम किसी परेशानी को हल नहीं कर सकते। अवसाद और तनाव के बारे में गहन विचार करने के बाद यह भी समझ आ गया कि तनाव, डिप्रेशन न सिर्फ हमें मानसिक बल्कि शारीरिक रूप से भी कमजोर बना देते हैं। बल्कि हम अपनी रोजमर्रा की जिंदगी को भी ठीक से नहीं चला पाते। रोजी-रोटी कमाना तो दूर परिवार की जिम्मेदारियों को निभाना भी कठिन हो जाता है। लेकिन इस के बावजूद भी इन चीजों से डरने या घबराने की कोई जरूरत नहीं होती। जिस प्रकार दूसरी सभी समस्याओं का कोई न कोई हल होता है ठीक उसी तरह तनाव, डिप्रेशन को भी आसानी से दूर किया जा सकता है। आप जान कर हैरान हो जाएंगे कि हमारा नजरिया हमारी नकारात्मक सोच को एक पल में सकारात्मकता की ओर मोड़ सकता है। जिंदगी कितनी अनमोल है और इसे कैसे खुशहाल बनाया जा सकता है। पैसा कमाने से ले कर जिंदगी में सफल होने की बात हो या रिश्तों को निभाने की, यह सब कुछ मजबूत मानसिकता की बदौलत ही मुमकिन हो पाता है। तनाव, डिप्रेशन के दौर से गुज़र रहे लोग अक्सर किसी से बात करना पसंद नहीं करते। वो नहीं चाहते कि कोई उन्हें बार-बार सकारात्मक सोच के बारे में भाषण सुनाए। इसीलिए

हम ने इसी विषय से जुड़े कुछ मज़ेदार लेकिन असरदार विचार आपके लिए खासतौर से लिखे हैं। इन मजाकिया विचारों को अपना कर आप भी चिंता, तनाव और डिप्रेशन के खौफ को भूल कर रौब से जीवन जी पाएंगे।

- जो लोग खुद खुश नहीं रहते उनके डॉक्टर बहुत खुश रहते हैं।
- जिंदगी के मज़े लेना सीखों वक्त तो अपने मजे लेता ही रहता है।
- कुछ लोग जिंदगी में रायता फैलाने के लिए दही के मोहताज नहीं होते।
- बड़े से बड़ा 'जज' भी पहले सिर्फ कानून की पढ़ाई का छात्र ही होता है।
- अच्छे भले दोस्त को भी बेवजह टेंशन में डालना किसी कला से कम नहीं होता।
- आज के समय में सच्चा देशभक्त वही है जो अपने देश को नेताओं से बचा सकें।
- जन्म और मृत्यु तो कुदरत के हाथ में है, हमारे हाथ में तो सिर्फ मोबाइल फोन है।
- बिना माचिस के लोगों को जलाना हो तो हर समय मुस्कराने का स्वभाव बना लो।
- पहले कहा जाता था कि जब जागो तभी सवेरा, आजकल जब जागो तभी ऑनलाइन।
- कुछ लोग सुबह उठते ही तय कर लेते हैं कि आज किस-किस को परेशान करना है।
- कई लोग एक ही गलती को दो बार नहीं करते बल्कि वो उसे 8 से 10 बार करते हैं।
- कुछ लोग चेहरा देख कर तो क्या लिखे हुए जज्बात को भी ठीक से नहीं समझ पाते।
- हमारे कर्म अच्छे होने चाहिए वरना फल का क्या है वो तो बाजार में भी मिल जाते हैं।
- कुछ लोग सारी उम्र सिर्फ इसलिए शादी नहीं करते ताकि सांस अपनी मर्जी से ले सकें।

- जिंदगी में जो झुकना जानता है वही 'पलंग' के नीचे से अपनी चप्पल निकाल सकता है।
- दवाई कोई भी हो उसमें कुछ भी मज़ा नहीं होता और मजे जैसी दवाई कोई नहीं होती।
- प्यार की कोई भाषा नहीं होती क्योंकि शहरों में इसे अफेयर और गांव में लफड़ा कहते हैं।
- बुद्धिमान लोग बेकार में किसी को कुछ नहीं कहते वो जब भी कहते हैं असरदार कहते हैं।
- कभी भी इतना 'लालच' नहीं करना चाहिए कि हम अपनी इच्छाओं पर काबू ही न रख पाएं।
- आजकल के लोगों को समझने और जानने के लिए आँखों के हुनर की भी जरूरत पड़ती हैं।
- कोई भी व्यक्ति बहुत सारी बेवकूफियां करने के बाद ही समझदार और बुद्धिमान बन पाता है।
- कुछ लोगों का यह मानना है कि मैं सफल तो हो चुका हूँ बस कामयाबी का मिलना बाकी है।
- अगर बेवकूफों के सिर पर सींग होते तो अब तक बहुत सारे बेवकूफ बारहसिंगा बन चुके होते।
- हम सभी लेना तो जानते हैं लेकिन जब देने की बारी आती है तो दुआ देना भी भारी लगता है।
- बात जब भी करो तो सामने वाले के होठों पर हंसी तो आए पर कभी आंसूंओं की बरसात न हो।
- बहुत सारे लोग उम्र के साथ बड़े नहीं होते बल्कि दूसरों के सामने दिखावा अच्छे से कर लेते हैं।
- अगर हर आदमी के कर्म अच्छे होते तो मोबाइल फोन में पासवर्ड लगाने की जरूरत ही न पड़ती।
- सच की खोज में बेशक सारी दुनिया घूम लो परंतु आखिर में सच वही निकलेगा जो बीवी कहेगी।

- कुछ लोग अच्छे से जानते हैं कि वो गलत हैं लेकिन फिर भी वो पूरे हक से बहस करते रहते हैं।
- कहते हैं कि गंजें लोगों को तनाव और डिप्रेशन नहीं होता क्योंकि उनकी कोई मांग ही नहीं होती।
- वैज्ञानिकों ने स्मार्ट फोन, स्मार्ट घड़ी आदि सब कुछ बना लिया है अब वो स्मार्ट लोग कब बनाएंगे।
- 'धोखा' कोई मिठाई तो है नहीं फिर भी कुछ लोग न जाने इसे बार-बार क्यूं खाना पसंद करते हैं।
- किसी भी 'राज' को उस समय तक 'राज' नहीं कह सकते जब तक हम उसे दूसरों को बता नहीं देते।
- जीवन में आने वाली बहुत सारी बीमरियां सिर्फ माँ-बाप की गोद में सिर रखने से ही ठीक हो जाती है।
- आजकल की बेटियाँ भी किसी तरह से बेटों से कम नहीं है मजाल है घर का जराष्-सा भी काम कर दें।
- आजकल पति-पत्नी को खुश देख कर अक्सर यह कह देते हैं कि या तो पत्नी नई है या पत्नी नहीं है।
- क्या कोई मुझे इतना बता सकता है कि यह जो 'इज्जत का सवाल होता है' वो कितने अंक का होता है।
- कई लोग इस बात को लेकर दु:खी रहते हैं कि अगर सवाल ही न होते तो वो लोगों को क्या जवाब देते।
- कई लड़के सिर्फ इसलिए तनाव में आ जाते हैं कि उनकी पड़ोस वाली लड़की ने उन्हें भैया कह दिया था।
- भगवान ने पेट भी कितना अजीब बनाया है कि पेट में सब कुछ चला जाता है बस पेट ही अंदर नहीं जाता।
- जो लोग कुछ नहीं बन पाते वो यही कहते रहते हैं कि हमें कोई फर्क नहीं पड़ता कि कोई कितना अमीर है।
- आज देश के युवा जाग चुके हैं अब यह चाय-नाश्ता ले कर सारा दिन अपने मोबाइल फोन के साथ बिताएंगे।

- कुछ लोग मौत से ज्यादा इस बात से परेशान हैं कि जो सबसे आखिर में मरेगा उसका क्रियाकर्म कौन करेगा।
- कॉलेज में फेल हुए छात्र बिलकुल भी निराश न हों क्योंकि सरकारी नौकरी पास होने वालों को भी नहीं मिलेगी।
- ज्ञानी लोग अक्सर कहते हैं भगवान हमेशा हमारे साथ ही रहते हैं फिर सारा काम हमें अकेले क्यों करना पड़ता है।
- इस संसार में रोटी से अजीब कुछ भी नहीं है क्योंकि इसे कमाने के लिए भी और पचाने लिए भी भागना पड़ता है।
- आजकल की लड़कियां, लड़कों से तो क्या उनके बाप से भी नहीं डरती, बस एक कॉकरोच की बात अलग है।
- चंद लोग सोशल मीडिया पर दोस्तों की भीड़ को इकट्ठा कर के ही खुद को सब से अधिक अमीर समझने लगते हैं।
- ऐसा लगता है भगवान आजकल 'थोक' में सारे 'दिल' चीन से बनवा रहा है क्योंकि यह बचपन में ही टूटने लगे हैं।
- एक सोचने वाली बात यह भी हैं कि जब आदमी रोता है तो आंसू गिरते हैं तो जब हंसते हैं तो दांत क्यूं नहीं गिरते।
- जिस दिन काम वाली बाई घर पर न आए उस दिन बीवी से नहीं उलझना चाहिए वरना बेवजह तनाव बढ़ सकता है।
- हम में अधिकतर लोग मानसिक बीमरियों के बारे में कुछ भी नहीं जानते परंतु हम उसका इलाज जरूर बता सकते हैं।
- अगर आपको कोई अच्छा वफादार दोस्त न मिल रहा हो तो आप एक सामान्य कुत्ते के साथ भी दोस्ती कर सकते हो।
- तोल-मोल के प्यार नहीं होता, जो सच्चा प्यार करते हैं वो बस प्यार करते हैं उसमें कम या ज्यादा कुछ नहीं होता।
- बुढ़ापे में भी शरीर को तंदरूस्त और फिट रखना चाहिए ताकि लोग अस्पताल ले जाते समय उठाने के बुरा-भला न कहें।
- जो लोग यह सोचते हैं कि पैसे से खुशियां नहीं मिलती उन्हें शायद खुशियों की दुकान का पता ठीक से मालूम नहीं होता।

- आज के समय में यदि सच बोलना हो तो सिर्फ मजाक में ही बोला जा सकता है वरना हर कोई हमारा दुश्मन बन जाएगा।
- लोग अक्सर कहते हैं कि पैसे के पीछे मत भागो असली चीज तो प्यार ही है, लेकिन वो लोग क्या करें जिन्हें पैसे से प्यार है।
- डॉक्टर और वकील में सिर्फ एक ही फर्क होता है, वकील हमें सिर्फ लूटते हैं जबकि डॉक्टर हमें लूटने के साथ मार भी सकते हैं।
- चंद लोग जो जीवन में कुछ नहीं कर पाते वो 'बाबा' बन जाते हैं और हम यह समझने लगते हैं कि 'बाबा' सब कुछ कर सकते हैं।
- कुछ दोस्त इतने अधिक समझदार होते हैं कि उन्हें 2–3 बार समझदार कहो तो वो समझ जाते हैं कि हम उन्हें बेवकूफ बना रहे हैं।
- आजकल लोगों की याददाश्त बेशक कितनी भी कमजोर क्यूं न हो लेकिन घर से बाहर जाते समय फोन उठाना कभी नहीं भूलते।
- हम तो इंसान हैं, कुत्ते भी अपना अलग ही टशन रखते हैं, वो लाखों–करोड़ों की गाड़ी पर एक मिनट में मूत कर आगे चल देते हैं।
- बहुत सारे लोगों के आपस में विचार नहीं मिलते इसका यह मतलब नहीं होता कि वो दुश्मन हैं, हो सकता है कि वो पति–पत्नी हो।
- पहले हम सभी बहुत खूबसूरत होते थे फिर हमारा आधार कार्ड बन गया और तभी से हम सभी डिप्रेशन के मरीज की तरह दिखते हैं।
- एक आदमी हाथ धो कर पड़ोसन के पीछे पड़ा हुआ था एक दिन उसने मुंह धो कर दिखा दिया उस दिन से वो बेचारा डिप्रेशन में है।
- कुछ लोग प्रभु से तरक्की भी पता नहीं किस तरह से मांगते हैं कि उनकी कमाई तो बढ़ती नहीं सिर्फ पेट ही आगे बढ़ता रहता है।
- कई लोगों का दिमाग भगवान ने न जाने कितना अजीब बनाया है कि हर दिन दूसरों के लिए कोई न कोई समस्या खड़ी कर देते हैं।
- कहते हैं कि जिस प्रकार पाप का घड़ा भरते ही इंसान मर जाता है उसी तरह खुशियों का घड़ा भरते ही इंसान की शादी हो जाती है।
- हमारे युवा बहुत अच्छे से पढ़ाई कर के लक्ष्य हासिल कर रहे थे यह तो मोबाइल फोन ने आ कर बहुत सारों को डिप्रेशन में डाल दिया।

- आजकल किसी से उम्मीद लगाने से अच्छा है कि मुल्तानी मिट्टी लगा लो उससे रंग भी साफ हो जाता है और सुकून भी बहुत मिलता है।
- कभी भी अपने बॉस की कमियां नहीं निकालनी चाहिए क्योंकि हो सकता है कि उसकी इन्हीं कमियों के कारण आपको नौकरी मिली हो।
- कई लोग सारी उम्र इसी गलतफहमी में गुजार देते हैं कि भगवान भी उन्हें बना कर सोचता होगा कि कितनी अनमोल चीज बना दी मैंने।
- शादीशुदा जिंदगी भी किसी जंग से कम नहीं होती, इसमें फर्क सिर्फ इतना होता है कि आपको हर रात अपने दुश्मन के साथ सोना पड़ता है।
- कुछ लोग यह सोच कर परेशान रहते हैं कि लड़कियां बिना शादी के बुआ बन सकती है तो आदमी बिना शादी के फूफा क्यूं नहीं बन सकते।
- अगर आपका मन किसी भी काम में नहीं लगता तो इसका मतलब यह नहीं होता कि आपको डिप्रेशन है बल्कि आप आलसी और कामचोर हैं।
- कुछ समय पहले यह कहा जाता था कि आने वाले समय में कारें हवा में उड़ेंगी पर आजकल तो हर किसी के तोते ही उड़ते दिखाई दे रहे हैं।
- माना जाता है कि विश्व में सबसे लंबी जुबान जिराफ की होती है परंतु हम अपनी छोटी-सी जुबान से ही अनेक लोगों से रिश्ते बिगाड़ लेते हैं।
- जब हमारे पड़ोसी की नौकरी चली जाती है तो हम कहते हैं कि मंदी का दौर है, जब हमारी कमाई बंद हो जाती है तो हमें डिप्रेशन होने लगता है।
- कई लोग दिमाग की बात ही नहीं करना चाहते उनका मानना है कि जितना दिमाग दूसरे लोगों के पास है उससे अधिक तो उनका खराब रहता है।
- कुछ लोग जिंदगी की भाग-दौड़ में अपनी सेहत का खयाल रखना ही भूल जाते हैं नतीजतन वो पीछे रह जाते हैं और उनका पेट आगे निकल जाता है।
- हमारे देश के शादीशुदा लोग भी अजीब हैं वो गरीबी में, मुसीबत में तो इकट्ठे रह सकते हैं लेकिन आपस में झगड़ा किये बिना एक दिन भी नहीं रह पाते।

- अक्सर लोग पूछते हैं 'सपने' पूरे करने के लिए क्या करना चाहिए? ऐसे लोगों को हमारी एक ही सलाह है कि खाना खा कर फिर से चुपचाप सो जाना चाहिए।
- पाखंडी बाबाओं से दूर ही रहना चाहिए क्योंकि वो किसी तरह से भी मानसिक रोगों का इलाज नहीं कर सकते। ऐसे लोग सिर्फ अनपढ़ ही नहीं बल्कि अज्ञानी भी होते हैं।
- जब तक जिंदा हूँ कुछ न कुछ जरूर लिखता रहूंगा। जिस दिन कुछ न लिख पाया उस दिन समझ लेना... कि अगले दिन लिखूंगा। मेरे मरने के बारे में अभी मत सोचना क्योंकि अभी जिंदगी को खुशहाल बनाने के लिए बहुत कुछ लिखना हैं। – *जिंदगी आई लव यू।*

❖❖❖

इंटरनेशनल बेस्ट सेलर
डेल कारनेगी
चिंता छोड़ो सुख से जियो
HOW TO STOP WORRYING & START LIVING
DALE CARNEGIE
Hindi Translation of How to Stop Worrying & Start Living by Dale Carnegie
डेल कारनेगी
लोक व्यवहार
प्रभावशाली व्यक्तित्व की कला
HOW TO WIN FRIENDS & INFLUENCE PEOPLE
DALE CARNEGIE
Hindi Translation of How to Win Friends & Influence People by Dale Carnegie
अन्तर्राष्ट्रीय बेस्टसेलर
डेल कारनेगी
आप भी लीडर बन सकते हैं
अन्तर्राष्ट्रीय बेस्टसेलर
डेल कारनेगी
अपने कॅरियर को नई दिशा कैसे दें
अन्तर्राष्ट्रीय बेस्टसेलर
डेल कारनेगी
समृद्ध जीवन कैसे जिएं
अन्तर्राष्ट्रीय बेस्टसेलर
डेल कारनेगी
संवाद में सफलता
विश्व भर में 15,00,000 प्रतियों की बिक्री
सोचो और अमीर बनो
नेपोलियन हिल
HINDI TRANSLATION OF THINK AND GROW RICH
आपके अवचेतन मन की शक्ति
डॉ. जोसेफ मर्फी
Hindi Translation of the international bestseller The Power of Your Subconscious Mind
योगी कथामृत
एक योगी की आत्मकथा
परमहंस योगानन्द
डायमंड बुक्स
X-30, ओखला इंडस्ट्रियल एरिया, फेज-II नई दिल्ली-110020 फोन : 011-40712200
ई-मेल : sales@dpb.in Shop online at www.diamondbook.in